L'AUTRE RIVAGE
de Antonio D'Alfonso
est le deux cent treizième ouvrage
publié chez
VLB ÉDITEUR.

LA CHANSON DU SHAMAN À SEDNA (1973)

QUEROR (1979)

BLACK TONGUE (1983)

QUÊTES: Textes d'auteurs italo-québécois,
en collaboration avec Fulvio Caccia (1983)

VOIX OFF: Dix poètes anglophones du Québec
(1985)

THE OTHER SHORE (1986)

Antonio D'Alfonso
L'autre rivage
poésie

A Geneviève,

ce livre du non-mensonge. Il n'y a
de réalité que sincère. Ces pages sont
sincères. Je veux communiquer
directement, tuer la douleur qui
m'a étouffé depuis si longtemps.
Il y a ici tout ce à quoi je
crois: amour, famille, God.
Le reste n'est qu'à jeter dans
une poubelle. Antonio D'Alfonso.
24.05.87

vlb éditeur

VLB ÉDITEUR
4665, rue Berri
Montréal, Québec
H2J 2R6
Tél.: (514) 524.2019

Maquette de la couverture:
Mario Leclerc

Photos:
Antonio D'Alfonso

Photocomposition:
Atelier LHR

Distribution en librairies et dans les tabagies:
AGENCE DE DISTRIBUTION POPULAIRE
955, rue Amherst
Montréal, Québec
H2L 3K4
Tél. à Montréal: 523.1182
        de l'extérieur: 1.800.361.4806

Données de catalogage avant publication (Canada)

D'Alfonso, Antonio, 1953-
    The other shore. Français
    L'autre rivage
    Traduction de: The other shore.
    2-89005-248-6
    I. Titre. II. Titre: The other shore. Français.

PS8557.A4308314 1987   C811'.54   C87-096068-7
PS9557.A4308314 1987
PR9199.3.D3408314 1987

Dépôt légal — 2e trimestre 1987
Bibliothèque nationale du Québec
ISBN 2-89005-248-6

Note

Italiam non sponte sequor.
(Je suis poussé vers l'Italie
et ne puis m'en empêcher.)

VIRGILE,
Énéide, IV-361

Ce livre de vers brisés, de pensées brisées, à propos de sentiments brisés. Ceci, un cahier sans début ni fin, rien qu'un courant menant à l'être, au devenir. Contradictions, explications. Ceci *mon* Made in Italy, *mon* Portrait d'un Italien, *mon* Retour chez moi, *mon* Italia-Express. Ceci, *mon* Ne rien jeter par la fenêtre, *mon* L'homme seul, *mon* Il n'y a pas de terre promise.

J'ai écrit ce cahier entre les mois de mars 1984 et septembre 1985. J'ai ajouté des bribes datant d'aussi loin que 1979.

En composant ces textes, j'écoutais les musiques de Enzo Avitabile: Meglio Soul *et* Correre in fretta; *Franco Battiato:* L'era del cinghiale bianco, Patriots, La voce del Padrone, L'Arca di Noè, Orizzonti perduti *et* Mondi lontanissimi; *les chansons complètes de Lucio Battisti; les chansons de Fabio Concato; Lucio Dalla:* 4 marzo e altre storie, Dalla, L'anno che verrà, 1983 *et* Viaggi organizzati; *Pino Daniele:* Musicante; *Alberto Fortis:* El niño; *Matia Bazar:* Tango *et* Aristocratica; *Gianna Nannini:* Puzzle; *Vasco Rossi:* Va bene, va bene così; *les chansons complètes de Luigi Tenco; Antonello Venditti:* Circo Massimo *et* Cuore.

Je tiens à remercier Michel Rondeau pour l'aide qu'il m'a apportée pour la traduction de certains poèmes.

À mon père et à ma mère

L'UOMO SOLO

Pour Philippe Haeck

L'uomo solo ascolta la voce antica
che i suoi padri, nei tempi, hanno udito, chiara
e raccolta, una voce che come il verde
degli stagni e dei colli incupisce a sera.

CESARE PAVESE
La casa

Extirper la saleté de tes cartes géographiques

La crainte qu'on te tire dans le dos. Voilà pourquoi les chefs marchent derrière nous. Nous parlons avec leurs bouches, des seringues plantées dans nos bras. Les haut-parleurs anonymes. Nous entendons, mais n'écoutons rien. Nos poches pleines de pilules pour endormir nos peurs. Ne marche pas sur nous, nous ne sommes pas des vers de terre. Qui tient séparées les mains de l'horloge? Qui a fourré du papier journal dans nos oreilles?

Basta. Montre-nous la réalité telle qu'elle est. Non pas à travers les yeux du journaliste. Le monde court, trébuche, a la gueule de bois. La curiosité de voir l'autre rivage. La fête de l'autre côté de nos frontières. Le baiser qu'on se donne derrière le dos des victimes. Les paumes des villageois fixent un ciel émerveillé.

Emplir de boue les veines de l'étranger est un acte de violence, réduit les perspectives sur l'histoire. Il faut de la discipline pour maîtriser la confusion de nos maisons. Si tu parles à un étranger, ne bâille pas. Écoute l'humilité de sa rage. Découpe ton imagination en forme de dés. Extirpe la saleté de tes cartes géographiques. Sens quel relief t'attend.

Boire le geste
en mouvement

Je ne m'endors pas facilement. Trop dormir me rend encore plus somnolent. J'ai besoin de me tenir sur le bord comme un trapéziste nerveux ou comme quelqu'un qui regarde en bas du World Trade Center. J'ai besoin de me sentir étourdi, de sentir ce qu'il y a d'incertain dans les sentiments et les idées. «Frappe-moi de ton fouet.» Mais je ne veux pas être celui qui frappe, ni la victime. Je voudrais être à mi-chemin entre le fouet du bourreau et le dos de la victime, entre la force du bras et la vulnérabilité de la peau qui attend le coup. Je veux me voir tenir en équilibre sur le fil des événements, au cœur de l'action. Dans la réalité du mouvement. Après que le geste ait été amorcé, avant que le mouvement ne se termine. Je veux me perdre dans l'ivresse de l'instant, dans le vertige du mouvement. J'ai besoin de boire le mouvement en pleine action, et de m'endormir ivre.

La passion
et son ivresse

La passion et son ivresse. L'insécurité des signes. Quelles limites t'imposes-tu quand la lune est déchirée en lambeaux? Ce n'est pas tant que l'amour ne t'ait pas encore appelé qui te déprime, mais plutôt que ton corps reste inemployé. Les sacs que certains emplissent de leurs richesses sont plus solides que tu ne l'aurais cru. Les instruments dont tu joues deviennent surannés. Les images de celui que tu as été, les images de celui que tu seras. La sonnerie de la pause-déjeuner te fait saliver comme si tu n'avais jamais vu de nourriture auparavant.

Le feuilleté
des mots

Le feuilleté des mots. Ce qui peut s'enlever en fines feuilles ou s'écailler. Les mots s'usent. Ils perdent de leur épaisseur et s'effritent, épuisés. Après que les chiens et les scientifiques aient pris leurs bouchées dans les mots, que reste-t-il pour les femmes? Une forte tendance à réduire excessivement: pour obscurcir la gamme des significations possibles. Même le mot le plus scandaleux a droit de cité comme métaphore. J'aime les mots qui choquent, les mots qui déséquilibrent exprès. Les mots hystériques. Leur puissance ou leur non-puissance est ma liberté. Je sais qu'un mot ne peut être que métaphore. Sinon, pourquoi passons-nous autant de temps à essayer de construire ce que nous construisons?

Tu te refuses
à écrire

Tu peux te refuser à écrire, mais ce n'est pas aussi simple que cela. Le langage est une voix qui répond à tes questions, qui questionne tes réponses. C'est un meurtre. Rien de facile. Regarde la fenêtre dont les rideaux ont été tirés, le tissu flotte dans le vent, ses plis aussi profonds qu'une tête perdue dans ses pensées. Écoute le pas nerveux de celui qui se bat avec les mots. Une main empoigne le meurtrier sur les lieux mêmes du crime. C'est ainsi qu'une journée de travail prend fin et que la nuit des mots commence. Du papier aussi dense que des prières, aussi muet. Du papier que tu relieras ou que tu brûleras. Tout autour, des murs de papier que tu peux escalader, avec une seule fenêtre par où regarder. Le langage l'a mise là pour que tu puisses regarder le monde sans mots.

Il n'y aura pas
de terre promise

Il n'y aura jamais de terre promise.
Il n'y aura jamais de rêves assis
à tes côtés te donnant la main dans le métro.

Quand le malade parlera
tu n'entendras que les murmures de frustration,
les soupirs de celui qui s'en fout.

Tu entendras le crissement des crânes
sur le macadam mouillé. Tu verras
du sang séché partout et tu en mangeras.

Ce sera maintenant et ici. Quand et où
les gens se mettront des sparadraps sur la bouche,
des bijoux autour du cou comme des chaînes,

conduiront des voitures comme des chars d'assaut
à travers notre territoire. Aucun
chef ne parle la même langue que toi.

Tu apprendras les codes, la syntaxe
et le vocabulaire, mais ce n'est pas toi
qui les utiliseras, ce sont eux qui t'utiliseront.

[21]

La viande que tu manges,
le sang que tu bois
sont ta propre chair, ton propre sang.

Quel est le sens de tout cela?

Quel est le sens de tout cela? Refus, pauvreté ou richesse, d'aller au-delà du contour des cratères? Voir le soleil plat se déchirer comme du papier. Fibres que les quelques ouvriers qui restent aimeraient bien recouvrir. Avec leur amour, leur sperme, leur sang. Quel est le sens de ces dialectes que nous nous inventons pour converser? La langue de la tribu ne peut être purifiée et, si une fois elle a pu l'être, nul ne s'en soucie plus maintenant. Pauvreté ou richesse, cette audace de vouloir orner nos frontières, nationales ou personnelles. Frappe, terrasse ces mots que nous avons tissés sur le modèle des camisoles de force. Qui donc peut faire d'un signifié un signifiant sous notre ciel liquide?

Dimanche

1

Cette chambre, numéro six,
aussi seule que cet hôtel
seul dans ce petit village seul,

avec son lavabo juste
assez grand pour nettoyer
ce visage saoul.

Un petit bureau avec trop de livres
et pas assez d'espace
pour cette feuille sur laquelle j'écris.

Un lit sous l'unique fenêtre
d'où des voix grimpent
comme la queue du chat sur ma jambe.

Des voix anglaises
de jeunes Françaises
gloussent aux avances des garçons.

Allume l'air climatisé
pour une bruyante fraîcheur.
Éteint pour un silence étouffant.

2

Les cloches sonnent le glas de midi,
c'est l'heure de la messe,
cette masse qu'on ne peut éviter.

Sous la fenêtre
un chien hurle sa complainte
à son immuable dieu.

Peut-on être le vent libre
qui bat son chemin
dans le blé coupé en andains?

Le cœur se déchire
comme les sinus par cette pluie
à puanteur de mouffette.

3

Te quiero quando en el fondo
del vacio la noche llora.
Sí, te quiero con estas manos
rojas de perro herido.
Aún tu vienes con boca llena
de luna iluminada, sola,
sonriendo con la luz del sol.

4

La lune est une tache dans le ciel.
La nuit se referme sur toi
comme un poing que tu veux ouvrir.

Ça frappe à la porte, un soir tard,
alors que tu pensais être seul.
C'est un regard qui va directement
à cette douleur que tu caches
derrière des verres fumés.
Ça parle de mots que tu as déjà entendus
mais qui te semblent comme un fruit
que tu dégustes pour la première fois.
Ça se frotte sur toi et ça allume
ta vie comme une allumette.

Tu chiffonnes ta peur, une lettre
dont tu as honte maintenant.
Tu espères pouvoir la préserver,
une promesse, un billet d'avion
dans ton portefeuille.

C'est la lune, c'est la nuit...
Ça s'éloigne en faisant
comme si ça ne t'avait pas reconnu.

Paix du matin

*Le combat spirituel est aussi brutal
que la bataille d'hommes.*

RIMBAUD

1

Des aigles traversent l'horizon blanchi.

Leurs coups de bec fendent les crânes chauves, déchirent les joues des enfants.

Une nuée d'anges croise une fenêtre au regard troublé.

Tu t'étonnes que l'horloge n'ait pas encore sonné.

Au petit déjeuner, la raison a le droit de se tromper.

«En as-tu assez d'être ici?»

Les haut-parleurs hurlent; le vin fortifie ceux qui se fatiguent à aider leur prochain.

Tous t'appellent. Non pas le croyant,
mais celui qui regarde.

Car tu regardes le dedans et ne vois que
le dehors.

«Sors de l'ombre et trouve ta place dans
la clairière du monde.»

2

Tu nous donnes la joie
pour aussitôt nous l'enlever,
mais toujours nous espérons
d'un espoir impur
né de la médiocrité
(si médiocrité il y a)
et du vertige de la mégalomanie.
Une folle curiosité le nourrit.

Sur cette terre désertée
l'énergie rampe,
et nous t'apercevons
dans un scintillement
au creux de la plénitude.
Quelle tempête n'a pas tenté
d'étouffer la lumière
nous rivant au sol de tes yeux?

Pardonne-nous si parfois
l'envie devient criminelle,
la volonté obsédante.
Nous ouvrirons nos poitrines
en signe d'humilité.

Toi qui nous as abandonnés
dans la matrice du désert
avec notre affolant besoin de Sens,
accepte notre soif de bonheur,
tends-nous la main.

3

Les mains trop petites
pour contenir
la métamorphose.
Ouvrons notre cœur
et avançons vers l'intérieur,
prêts à reconquérir
le dehors du monde,
le dedans de l'ombre.

4

«Mérite le respect de l'animal sauvage,
le regard perçant d'Ouranos.

Mérite le souffle des roses d'hiver,
la chaleur amicale.

Mérite la connaissance,
l'espace ouvert par le chant et le feu.

Mérite la tendresse aquatique
qui nettoie l'iris de la terre.

Mérite le vent suave,
l'inspiration indomptable de la parole.

Mérite le poids de la passion,
mérite l'ascension.»

Se brûler les doigts

La moralité. Une solution personnelle. Une façon d'éviter les accidents. Faire de la morale n'a rien à voir avec la moralité. La moralité est à la morale ce que l'uranium est à la guerre nucléaire. Ce que tu crois bon pour toi est aboutissement de possibilités infinies. Mais un aboutissement demeure toujours éphémère. Il s'agit de te brancher sur moi pour que s'allume la lumière. Une lampe à rayons ultra-violets peut t'intéresser; j'ai besoin d'une clarté que seul l'instant parvient à me donner. Auparavant, je faisais fi de l'éclair qui aurait pu me frapper; aujourd'hui, je me cache du tonnerre. Nous sommes enfants qui ont appris comment le feu brûle les doigts.

Ghiaccio

Je suis glace. Je fonds avec le temps. Avec la chaleur. Pour redevenir ce que j'étais. Pourquoi l'océan me fascine-t-il tant? Je m'assieds face au Saint-Laurent et au Biferno. Face au Tibre et à l'Arno. Face au Main allemand et au Pô. Je déguste l'Atlantique et le Pacifique. Je déguste la Tyrrhénienne et l'Adriatique. Je bois de l'eau polluée et en suis purifié. L'eau, jamais ferme, sans cesse changeante, impossible à emprisonner par la matière ou une métaphore. L'eau pour la mère, la liberté, la nomadicité, l'inconscience. D'où je commence. Là où je finirai, si fin il y a. Quelle est la profondeur de l'océan? De l'océan en moi? De l'océan dans lequel je baigne?

AU-DELÀ
DE SES LIMITES

Les hommes d'en haut

À Richard Lamer

Les hommes d'en haut discutent,
ils se disputent à propos de ce qui peut
et de ce qui ne peut se faire. Les hommes
d'en haut ne sont pas normaux.
Nous disons qu'ils ont
des problèmes émotifs et physiques.
Ces hommes ne sont pas normaux
parce que nous les avons rendus ainsi.

Ceci est une maison pour épileptiques.
Nous les appelons parias, hommes
sans demeure. Ils savent près de
quel foyer ils peuvent se réchauffer.
Les hommes d'en haut tournent en rond.
Ils aiment et utilisent d'autres hommes,
ils aiment et utilisent ce qui est disponible.

Les hommes sont en haut parce
qu'ils ne trouvent rien en bas, à part
des hommes normaux,
à part ce bureau en désordre.
Il y a une machine à écrire; il y a un homme.

[37]

Les mots qu'il tape sur le clavier
sont ceux que les hommes d'en haut
aimeraient utiliser, mais ils ne le sauraient.

Femmes seules,
hommes seuls

Elles se retrouvent au centre de la cuisine, parlent paisiblement de travail et de politique. «Ce n'est pas tant de gérer seule une maison de trois personnes qui m'est pénible.» Elles ne souffrent pas de solitude: elles ont des amis, papiers pliés dans un portefeuille, sur lesquels sont inscrits des numéros de téléphone. Elles ont des amies qui accourent les relever quand elles ont avalé trop de pilules. Elles se racontent comme un employeur gronde son employé. «Je te comprends, moi aussi j'ai couché avec le diable.» Ils sont assis silencieusement dans le salon. Ils sirotent une tisane à la menthe, un campari soda. Ils se chuchotent combien il est plus facile de vivre avec une personne du même sexe qu'eux. Le silence s'écroule, un verre de vin sur le plancher de marbre. On aperçoit un inconnu étendu dans le couloir, jupe ou pantalon baissé jusqu'aux genoux. Il est minuit, une femme seule téléphone à un homme seul, commande un sexe durée-cinq-minutes.

Droits

Cet homme s'habille pour se vendre. «Tu cours, tu cours.» Il est en retard depuis toujours. Un sac de cellules mortes, incapables de s'acquitter de leur devoir. On le paie le prix qu'il mérite. Tant pour ceci, tant pour cela. Qui le plaque à la gauche et à la droite? Ses cheveux clairsemés, un gros plan qui n'attend plus que l'inspiration du poète. Tu es prêt à lui offrir combien? Ses droits: l'orgasme étouffé d'une femme? Le sphincter déchiré d'un homme?

La bouche aveugle

Être aveugle aux mots. Dyslexie. Il mêle vie et viol, grabat et crachat. Elle invertit les lettres et les sons, il oublie que certaines règles ne peuvent être ni piquées, ni brisées. Prononcer des sons pour des lettres inexistantes, des mots pour des choses qu'on n'a pas vues. Elle est aveugle ou, dois-je dire, sa bouche l'aveugle? Il ne distingue pas une lettre de la suivante. Lorsqu'elle va à la banque, il prend un tank. Et si jamais elle te rencontre, il te maudit au lieu de dire: salut.

Le bicéphale

Il lit jour et nuit. Sa mémoire est un puits, sur son iris miroitent les mots. Sa bouche érige un ana. Ses mains forment une chrestomathie. Non, ce n'est pas un bibliophile, c'est un bourricot.

Son ascétisme est une aventure. Sa vieille tête reluit, feuille de morasse. Il se lasse de tout.

Sa voix abécédaire râle, un mantra dans le sommeil. Il se refuse tout repos. Les hochements de tête pourtant caricaturent ses rêveries de caribou et de bouleau. La futaie prépare son lit, gratte son nombril.

Il plagie Dieu et broie son image.

Il stérilise les métaphores, scories jetées dans le désert. Le miroir, bien sûr, l'appelle sans cesse. Son crâne s'y enfonce et s'y dédouble. Cette dichotomie le parachève.

Les lignes droites s'incurvent. Le ventre s'arrondit. Le nez s'arque. La réflexion

l'embourbe. Empêtré dans la gadoue, il
se prosterne.

Il se répand. Il engendre tout. Il est tout.
Auréole posée sur de chauds crottins.

Son museau se couvre de boutons en
lisant un vague libelle.

Dimanche de Pâques

D'une chambre à l'autre. Tomber. «Que cherches-tu?» Le confort, un simple confort. Ne regarde pas ce taudis. Prépare-toi à porter le poids de tout ce que tu refusais de porter jusqu'à présent. Des crayons rouges pour souligner le pire de tes efforts. Quelle chambre peindre en premier? «Non, je n'abandonnerai jamais. Tu me déranges dans mon confort.»

Tous ces pleurs — pourquoi? Briser la loi, ou la respecter. Le hors-la-loi justifie toujours la loi. Patience. Que dire si, après tout, la guerre est une chance? Un chemin de joie. Une vision. De la grâce. Odeur de corps en sueur. De la chair qu'on tord. Efforts. La douleur de maîtriser ce que tu croyais impossible à maîtriser, ou pire, inné. Des voix hurlent la rage étouffée. Arracher ce qui te semble naturel. Tous ces projets tombent au sol comme des assiettes.

Les visages se cognent contre le bord des verres. Voix, mots, yeux qui refusent de rencontrer d'autres yeux. Ses yeux verts comme le mur derrière elle. Ses cheveux rouges comme ce tapis persan rouge, rouge comme le rouge de ses lèvres entrouvertes, rouge comme le vernis à ongle qui garnit ses doigts qui n'ont jamais creusé la terre. Bleu sépharade. Elle est assise. Se lève. Se rassied. Sa main frôle ce qui subtilement sépare bruit et mélodie. Se nourrir d'un désir. Le monde et tes entrailles. Dimanche de Pâques. La température une métaphore. Les cris deviennent-ils musique? *Il a fallu tout ce temps pour que je vienne à toi**.

* Robert Bresson (*Pick Pocket*), Paul Schrader (*American Gigolo*), et Jean-Luc Godard (*Je vous salue, Marie*).

La machine

Vont-ils vivre sur Mars? Sur une étoile plus lointaine? Ce n'est pas un rêve. Un homme porte le costume de l'astronaute et attend le décompte. Ses mains posées sur le clavier de l'ordinateur d'où provient une musique. Il aime sa machine plus que sa femme. Ce qui est bon. Donne-lui un peu d'argent, il trouvera un monde meilleur. La machine, antithèse de guerre. Elle possède une âme qui se sent opprimée si on la maltraite. Quelle loi le poète a-t-il brisée maintenant? Il suce la machine qui éjacule dans sa bouche. Une autre forme d'amour. Ne cherche pas le centre de gravité dans les nuages. Offre à la machine un coin de terre. Elle y sèmera tomates et zucchini, un monde qui ressemblera au nôtre. Nous avons arrondi les angles du carré pour en faire une circonférence. Aucune loi n'est naturelle, aucune nature n'est loi.

Violare

Violence ne rime plus avec danse, mais avec défense. Certains viennent au monde sur la pointe des pieds, en ressortent en criant. D'autres naissent dans un cri, mais partent sur la pointe des pieds. L'hypothèse ne change pas. Tu vois rouge et fonces comme un taureau. Il n'y a que les yeux de tes ennemis qui te regardent, te donnent le vertige. «Tu peux crier rouge, mais si tu ne vis pas la violence, tu ne la connaîtras jamais.» Le corps parle. Ni par éloquence verbale, ni par raffinement vestimentaire ou parfums. C'est pourquoi nous associons sport et sexe à violence. D'une source unique: le viol d'une femme et la brutalité envers l'adversaire. Tu me violes. *Violare*, en latin. Qui joue ce viol d'amore? Les mots n'ont pas de sens. Il faut les mettre sens dessus dessous et les étudier au microscope. Aimer et non pas violer le vocabulaire de l'humanité. *Tendebantque manus ripae ulterioris amore* (écrit Virgile). Carrefour. Parvenir à un carrefour, quatre amis t'appellent, aucun

plus fort que l'autre. Violence. La
même intensité aux quatre points car-
dinaux.

Vocabulaire

1

G*oduria*: jouissance. Vivre un plaisir intense. Pouvoir accepter l'orgasme. *To feel like a God. God*ere. God*ere*. Venir. Avant Dieu. L'existence qui te fait jouir. Les mots. *Lei gode*. Pourquoi n'existe-t-il pas de mot anglais pour traduire *goduria*, jouissance? Elle vient. Il est grand temps qu'un poète invente ce mot.

2

T*erremoto*. Tremblements de terre. En Italie. Les lustres oscillent non pas comme on le fait en dansant, mais comme des têtes guillotinées par des mitrailleuses dissimulées dans les tanks ou les autobus volés. Perdre son équilibre, le poète se rend compte de la précarité de son art. Grondements qu'on

[49]

peut voir. Éclate le tonnerre dans le corps. Le tremblement de terre transforme l'homme en oiseau. Aussi solide que la terre. Aussi vide. Tout d'un coup, la gravité lui semble d'une irréalité dinosaure. Suspendu en l'air. Quelle économie peut te ramener sain et sauf, les deux pieds sur terre? Tous les termes scientifiques tentent d'éviter le désastre. Vendus la cocaïne, les jeunes filles, les jeunes garçons. Spéculés les achats immobiliers, contrefaits les passeports. Quel établissement bancaire peut nous protéger de cet appel obscène? Pas question ici de l'homme ou de la femme qui s'excite au bout du fil devant ta crainte, tes cris. On a posé une bombe dans ta Mercédès. *O God, save America* et envoie-nous l'argent nécessaire à la construction d'une muraille qui isolera notre luxe.

An der Lühe, 6

Une maison de poupées. Un grand jardin. Son cœur. Tu y pénètres. À droite, une chambre de bonne. Ma chambre. Je ne connais pas l'allemand; je veux cacher ma tête, comme l'oiseau enfouit sa tête sous ses ailes. Pluie. Pas de larmes. Rien qu'une fièvre, ma façon de me retirer du monde. Fraü Schrode me sert le thé. «Tu veux une pilule? Mon mari en a réchappé par miracle. De nos jours, qui peut dire ce qui est bon ou mauvais? Avec un enfant, nous aurions eu beaucoup de difficultés. Je suis protestante, lui catholique. Non, je ne bois jamais de thé avant l'heure du coucher. Et puis, qu'est-ce que l'heure du coucher sans enfants? Nous avons vécu si longtemps sans jamais nous arrêter et penser que nous pensions trop. Pour avoir un enfant, il ne faut pas y penser. Ils naissent comme ça, par accident.» Une maison de poupées. Un grand jardin. Comme tu y pénètres, tu vois une chambre à ta droite. Une chambre de bonne. Destinée aux invités. Elle aurait pu être une chambre

d'enfant. Les Schrode la louent aux
touristes pour quarante deutsche Mark.
Que valent quarante deutsche Mark?

Aut Hausen Strasse

L'heure de pointe. L'échappée du travail. Comme on va ici à la messe du dimanche. «Prends ton temps et passe acheter un peu de poisson et des fruits pour ce soir.» *Auf Wiedershen*.

Les bicyclettes silencieuses se frayent un passage dans la bruine d'octobre. Embouteillage. «Le ciel plus noir qu'hier.» À la radio: Robert Fripp et Brian Eno, *Swastika Girls*. Heure de pointe pour bouches angoissées dont les cris restent inaudibles. Pardonner.

Symboles de bien-être et de torture. Cris assourdis des bicyclettes au ralenti. Ajouter ici quelques notes de contrebasse. Une partition pour cuivres, suivis des percussions. Lent travelling de la caméra avant l'embouteillage des cadavres.

Une narratrice invisible explique ce que représente 1968 et combien elle s'est sentie victime de la propagande du *flower power*, pendant que la société américaine opérait une mutation réelle et radicale. Une pause. Aucun regret de la disparition de la «génération des fleurs». «Prête-moi ta Bible. Passe-moi ta seringue.»

Symboles de la démocratie et du totalitarisme. «Quel effet ça fait de vivre dans le pays le plus démocratique de la planète?» La narratrice crie. La caméra plonge vers le madacam. Un *fade-out* sur les bouches angoissées. Souffrance. Vieux monde, nouveau monde. Heure du dîner. Embouteillage d'idées, embouteillage de souvenirs. «Changer, changer, pour devenir quoi?»

In Sachsenhausen

La mia lingua/mi isolava/
l'ho abbandonata/con la tua/
imputridiscono/in me/i sensi.

Gino Chiellino

La langue d'un pays dans un autre
pays. Écoute la musique qui vient de
l'autre chambre. Des ouvriers parlent
de la terre qui a vu pousser épouses et
enfants. Pour eux, que signifient les
mots *père* et *mère?*

Il n'est plus question de patrie. Notre
patrie, cet avion qui nous transporte du
point A au point B. Notre place, notre
pays: que signifient ces mots pour toi,
mon amour? Étranger dans une terre
étrangère...

Que désirons-nous de la terre de nos
corps? Pays sans frontières, pays de
notre amour. La langue que nous

parlons est langue de nos corps, divisés, unis, poésie, poésie, pourquoi me fais-tu l'amour comme ça? Toujours à me dire ce que je ne suis pas. Pourquoi me viens-tu comme ça, à l'improviste?

Les gens
de l'autre côté
de la rue

À Lori et Pierre

Les gens que je vois de la fenêtre de la cuisine: un homme et sa fille réparent un chauffe-eau électrique. Toute la matinée, elle le tient contre le mur. À l'étage du dessous, un homme âgé lime une pièce de métal; de temps en temps, il s'arrête et regarde les gens passer sous son balcon. Au rez-de-chaussée, un mécanicien fume une cigarette, parle avec un client et montre du doigt la mer Tyrrhénienne. Un vieux couple se promène sur le *longomare* nommé Via del Duca degli Abruzzi. Impossible de me fuir en Italie. Partout, mon reflet... La femme du quatrième a maintenant enlevé sa combinaison de travail, elle pose pour moi, pour celui qui n'est pas son père. À l'étage au-dessous, l'homme âgé retire ses lunettes, entre dans la maison. J'écris dans un cahier bleu, à l'encre bleue, sur une table bleue. Le mécanicien fixe la mer bleue. La femme du quatrième me regarde. Je détourne les yeux, espérant voir au tournant de la rue un homme qui sera moi.

Ostia, le 19 octobre 1984

La bûche

Une bûche trouvée au sous-sol se consume. D'abord lentement, puis avec plus d'ardeur, la flamme lèche de ses doigts le cœur du bois. Le feu, un animal affamé; pas un homme méchant faisant craquer ses doigts. Fixe le feu dans la pénombre. Regarde comme il cherche à s'envoler au ciel. Compare le feu à l'homme qui maudit les dieux. Que ma blonde descende de l'avion, que mon cœur revienne dans ce corps abandonné comme une vieille grange.

Notre amour. Une bûche que tu dois réveiller par les flammes. La tirant, la poussant pour qu'elle se revivifie comme un vieil engrenage rouillé. La bûche chuchote. De joie ou de douleur, je ne saurais le dire. L'amour à trente ans, doit-on s'en réjouir? Chuchote-le à toi-même, à tes amis.

Pour apprécier le feu, il faut s'assoupir à ses côtés, l'écouter ronronner comme un chat, ses douces pattes caressant ton visage. L'atmosphère se réchauffe. Le soleil de minuit creuse des trous dans le tapis. J'ai mis de côté ma grammaire française, remis le dictionnaire en place dans la bibliothèque. J'attends que mon amour m'enlève des mains le stylo. Qu'il ne m'offre ni encre, ni papier; qu'il me consume, que je retrouve entre ses bras mon utilité.

Amarti
così lontana

Bois une bouteille de Frascati blanc frappé. Son jus glacé pénétrant les pores de ton impatience. Derrière les parois d'un organisme plus vaste que la galaxie dans laquelle tu flottes. Sache que ceci n'est rien d'autre qu'une émotion idiote. Que ce rien, ce manque de compréhension, ce malentendu, ne te procure aucun plaisir, surtout pas le chaud plaisir d'être assoupi auprès du corps amoureux. Va te coucher et déchire l'oreiller en espérant y humer l'odeur de l'amour. Marmonne. Crache. Seul. Aucun soupir ne portera ton corps vers l'orgasme. Respiration. Un soupir isolé, esseulé. Rien que l'atmosphère bruyante du bar où un corps d'amour tente en vain de calmer son désir. Quelle huile se mêle à l'eau? Quel alliage est possible dans cette trigonométrie de l'absence? N'est possible que ton incapacité quotidienne de te libérer des mots, explications solitaires, intellectualisme, cœur incapable de tout maîtriser. Seul.

Ni créativité, ni création. Recrée le corps magique de l'amour. Et la créativité ailée? Casse l'incassable. Deviens ce que tu dois devenir. Arrête-toi puisqu'il le faut. Crois sans cesse à cet amour qui n'a de corps que pour toi. La respiration devient autre. Disant: ceci pourrait fonctionner même si la traduction est imparfaite. Ceci fonctionne parce qu'il est lui-même, parce qu'on le trouve en lui. Continuation, réveil. Tu te mets entre parenthèses, tu prends une douche pour refroidir les charbons ardents dans ta cervelle. Aucun travail, aucun alcool, aucune passion ne peuvent t'empêcher de te connaître, de prendre connaissance des raisons qui te donnent la force de vivre ta vie, une réalité qui t'appartient. Appartenir ou ne pas appartenir à quoi que ce soit, à qui que ce soit. Dis, Seigneur, oui Seigneur. Prie seulement pour prier, seulement pour écrire un poème qui s'évanouira aussitôt écrit. Le vent monte au ciel. Crois en la vie, n'imite pas celle de ton voisin. S'il faut imiter, que ce soit le corps de l'amour. De l'ange qui protège ce corps. Dis: Seigneur, il est difficile de vivre en dehors du corps de l'homme, plus facile de vivre selon les règles du

moi et du je-m'en-foutisme. Dis tout
cela. Ne dis rien. Contente-toi d'être
une âme en quête d'un corps, là, dans
le désert, un cadavre qui n'a pas eu
droit à une sépulture. Ne bois rien.
Puisqu'il n'y a rien à boire. Les mouve-
ments de la bouche, enjeux du corps
amoureux que tu ne posséderas jamais.
Présent... partout dans ton sang.

Le jour présente
son intelligence

À Claude Beausoleil

1

Retourner. Non pas en arrière. Mais comme on retourne la terre. Cette action de questionnement. Une verdure de jour. Ou de nuit. Encore un retournement. Un détournement. Laisser la langue te prendre, une passion qui fait mal. Non la passion de l'amoureux. Une passion de vision. Pas la religieuse question de l'*aller*. Car, après tout, où peut-on aller? Une vision d'athée et sa passion. Une sacralité de l'ici.

2

Se retourner sur un lit de feuilles

mortes. Aucune brûlure, aucune cendre.
Un lit de rires et de dires. Le qui-
sommes-nous de tous les jours. Regarder trop haut et ne jamais voir le pas
qu'on fait. Regarder trop bas et ne
jamais voir au-delà des fils électriques.

3

Une plume et son égratignure. Le
bruit d'une passion. Écoutez le bruit de
l'autocritique. Ne pas aller à l'encontre
du but. «Coupez. Coupez.» L'oubli de
l'être, une façon de voir autrement. Un
autre. Une passion. La passion du
retour. Mais retourner à quoi? La terre
attend ta pioche, ta pelle, ta soudure
du jour. Une sueur de la vision et du
questionnement. S'arrêter et ne pas
couper.

4

De la ouate dans les membres. La
sensibilité muselée. Des murs s'élèvent

dans le regard. Le cœur pressé par l'enclume du corps. Le vomi, la surprise de l'habitude. C'est un autre qui griffonne. Une figure de comparse. Le bruit s'évapore au bout de la plume. Un silence métaphysique, un silence d'humain. Fumée adamique. Nous comptons les naissances du silence.

5

Réveil tôt: cri sans refrain. Le sang sans lendemain. Acrobate sans abri, sans alibi. Ange à l'ambition ambivalente. Réveil tôt de demain. Demain n'a pas mauvais goût. Son museau ne ressemble pas au rêve. Ce n'est pas un perçange. Les bouffons ne s'y logent pas. La rombière n'est pas source aux rires d'outre-terre. La charogne est le sillage que laisse la mort. La mort ne se cache pas dans une carcasse. Cette pourriture: le paraphe de l'analphabète. La mort illettrée. Le jour cille et présente son intelligence.

6

Chaque pensée mène au combat. Chaque molécule de la pensée dérange l'ordre du corps. Dieu est remis en question. On bouleverse son indifférence. Est-ce de l'oubli? La colombe donne le coup d'aile du réveil.

7

La corrosion et l'aboiement. Même les mensonges usinent de la douleur. L'atrophie de sa misère. On ne s'aventure plus. On refuse de se transformer en bête nouvelle, de se graver sur un autre habitat. Les cheveux sont des torpilles du mystique. Notre richesse est oisive. Au bout des lèvres, un soupir inintelligible.

8

Comment aller au-delà de ses propres

limites? Cet espace remplaçable par un mot de son choix. Son sang impur coule-t-il sur une ligne droite? Y a-t-il du sang qui coule droitement dans les concepts qu'il considère essentiels? Une pause. Une annonce publicitaire. Il se lève et va au frigidaire. Les tablettes pleines de nourriture qui ne le nourrit plus. Il grossit et il s'en fout. Il revient à son texte, à son émission préférée. Il passe devant sa chambre où aucune bête ne l'attend. Il est seul devant le rectangle de vin qu'il a soudainement craché. Il est content, les limites qu'il s'impose lui offrent une sécurité inébranlable. C'est nécessaire pour son bien-être. Il ajoute un mot sur l'espace réservé à l'ambiguïté. Son jeu de l'insignifiance. Il ferme son cahier. Il va se glisser entre deux feuilles de papier pour devenir contenu.

9

Perché il fuoco? Le feu, le sud des mots. Why not the South? Il sud du sang, una donna che mi dice che la parola è fatta di sangue. Il sangue sans terre, une terre to build like Noah's arch. Listen to those mondi lontanissimi. La parole sacrée de ce qui se déchire lorsque les yeux des mots vous regardent. Le feu du sud. Il sud dell'amore. Delle parole che non ho diritto di dire. Senza terra dans la bouche du feu.

10

Ce jour de pensée claire. Une expression que seuls les silencieux peuvent comprendre. Laissons de côté les thèses. Levons notre humanité à la hauteur de la musique. Traversons les vents des prairies, bras dessus bras dessous, souriant au soleil levant, heureux d'être vivants. Écoutons ces trompettes qui nous appellent le matin, ces douces voix qui chantent autour de nos lits pleins de trafic.

Septembre 1985

GUGLIONESI

À Robert et Jason Carlo Trudeau

Se qualcuno mai ritorni nella terra dei padri troverà scritto tra le pietre e la gramigna, il grido dei morti e il pianto dei vivi, lontani.

FRANCESCO JOVINE
L'impero in provincia

C'è una ragione perché sono tornato in questo paese... Qui non ci sono nato, è quasi certo; dove son nato non lo so; non c'è da queste parti una casa né un pezzo di terra né delle ossa ch'io possa dire «Ecco cos'ero prima di nascere»... Chi può dire di che carne sono fatto? Ho girato abbastanza il mondo da sapere che tutte le carni sono buone e si equivalgono, ma è per questo che uno si stanca e cerca di mettere radici, di farsi terra e paese, perché la sua carne valga e duri qualcosa di più che un comune giro di stagione... Un paese ci vuole, non fosse che per il gusto di andarsene via. Un paese vuol dire non essere soli, sapere che nella gente, nelle piante, nella terra c'è qualcosa di tuo, che anche quando non ci sei resta ad aspettarti.

CESARE PAVESE
La luna e i falò

Je vais là où j'ai toujours su que j'irais. Ce qui me donne tout le temps néces-saire pour m'interroger sur le là *d'où je viens.*

ANDRÉ BEAUDET
*Littérature l'*imposture

Babel

Nativo di Montréal
élevé comme Québécois
forced to learn the tongue of power
viví en Mexico como alternativa
figlio del sole e della campagna
par les francs-parleurs aimé
finding thousands like me suffering
me casé y divorcié en tierra fría
nipote di Guglionesi
parlant politique malgré moi
steeled in the school of Old Aquinas
queriendo luchar con mis amigos latinos
Dio where shall I be demain
(trop vif) que puedo saber yo
spero che la terra be mine

Où commencer?

Où commencer? Puis-je écrire *je* sans être taxé d'égoïsme? Par quoi doit-on commencer? Dans quelle langue écrire? Dans quel monde entrer? À qui veux-tu parler? Quel est ton public? Une jeune fille de dix-neuf ans? Un homme dans la quarantaine? Le vent qui te caresse le visage? Est-ce ce début que je cherchais? La propagande est but de tout art: sur quelle côte se trouvent la gauche et la droite? Où commencer? Dans ce paysage sous la grande et puissante Maiella? Un seul moment vaut-il tout l'effort et la concentration pour ne pas l'oublier? La nourriture, le dialecte, le peuple? Où commencer? Et quand entres-tu en jeu?

Pour préserver
son identité

«Ne me tue pas. Reviens.» La terre et l'eau crient. Le tuf et le marbre crient. Le lézard couleur de sable devient vert végétal. Les serpents et les palmiers. Les femmes et les hommes qui, là-bas, dans le froid de l'automne, labourent la terre destinée au fenouil. Et tu es assis sur un banc, tentant de mettre sur papier ce qui empêche les tiens de se libérer. Des colporteurs immigrants te vendent le jour ce qu'ils t'ont volé la nuit. Vas-tu croire toutes ces rumeurs? Histoires de vieilles sorcières. Tu ne te rends pas. Tu manges le pain que tu as plongé dans ta soupe, tu parles entre deux bouchées à ton cousin qui a un défaut d'élocution. Ton dialecte: mélange de frentani, de latin, de français, de slave, d'albanien, d'allemand, de turc, d'arabe. Est-ce vraiment facile de préserver ton identité?

La perte
de ta culture

Non pas le voyage au pays où les mots se prononcent tel qu'on te l'a appris. Non pas l'adage que ta grand-mère te sert au dîner. Cette langue que tu parlais, enfant, tirée par la chasse d'eau. Ta langue maternelle t'est aussi étrangère que n'importe quelle langue que tu ne connais pas. Oubliée comme un style de vie que, jadis, tu possédais. Du latin gravé sur les sales pupitres d'école. Que te racontes-tu, la nuit, seul? Le pain que tu n'as pas mangé se rassit. La rencontre avec cet amour d'une seule nuit. Terrifiante. La tomate écrasée par terre pénètre les tuiles de ta perfection. Tu oublies ton passé, mais le passé ne t'oublie pas. Tu t'assieds sur une chaise brisée et tu as une crampe quand tu tentes de dire quelque chose d'intelligent. Et si un jour tu t'écroules par terre et te casses la figure, ce ne sera pas à cause d'un mauvais régime alimentaire. Tes ancêtres seront venus te tirer dans le dos.

La famille

Images qu'on ne veut pas voir. Images de fertilité, images de vie. Miraculeuse postérité. Se déroule, film de famille, rouleau de parchemin ancien. Chaque père une fille, chaque mère un fils. Une famille qui rajeunit sans durcir comme un fossile. Les os prouvent que la mort ne signe jamais d'un X: fils unique avec un seul fils sans fils. «Je veux être moderne. Boire ces images jusqu'à la lie et oublier.» Images qu'on refuse de regarder en face. Images qu'on vous a appris à considérer vulgaires, guindées, rebattues. Ô miraculeuse postérité. Ô vie pleine d'imagination. Où prends-tu le droit de poser du marbre sur du sable mouvant? De construire des villes sur de l'eau? Quelle créativité entêtée. Tu donnes naissance et augmentes les chances de tout changer. Inventeur de possibles.

Guglionesi

Ne t'en fais pas si tu ne sais pas où se trouve Guglionesi. Ou Campobasso. Ou encore le Molise. Peu d'Italiens le savent. «Est-ce en Italie ou en Amérique?» Cette fortification médiévale sise au sommet d'une montagne. Sur le mollet de la botte. Une rivière coule à ses pieds: le Biferno se jetant dans l'Adriatique. Jusqu'en 1964, le Molise faisait partie des Abruzzes. Pour diverses raisons, ses gens ont cru bon de se séparer. Je ne revendiquerai pas cette culture. Je veux simplement énumérer les sources de ma force mentale, physique et métaphysique qui confluent à la création d'une personne, d'un pays. «De quoi parles-tu?» Vaut mieux parfois ne pas parler politique. Je pense à Ovide, à Dante Gabriel Rossetti, à Cristina Rossetti, à Gabriele D'Annunzio, à Francesco Jovine, à Ignazio Silone, à Giose Rimanelli, à Filippo Salvatore, à Marco Micone, à Marco Fraticelli, à Maria Di Michele, à Maria Melfi. Je parle de ces écrivains qui, aujourd'hui à Roma, Via Giorgio Scalia 12, à dix heures dix, viennent s'asseoir à mes côtés, à ma table, derrière une fenêtre ouverte. Vingt degrés Celsius. Et ils appellent ça l'hiver. Non. Ceci est la saison des mots, des noms, de l'histoire.

Sant'Adamo
est venu ici

Au treizième siècle, Sant'Adamo est venu ici avec l'espoir de conquérir ces collines déjà possédées par les Turcs et les Allemands. Il y a trop de noms pour se contenter d'adjectifs. Où sont les Frentani? Les Nazis ont utilisé Guglionesi comme poste de guet, de même les Écossais et les Américains. Quelle langue leur a facilité la communication? Quelle langue dois-je utiliser pour venir jusqu'à toi? En dépit du son familier des mots, nous n'avons pas la même grammaire. Les miens sont plus nombreux à Montréal qu'à Guglionesi. Ça fait mal. Il ne reste que peu de chose à Guglionesi. Et le peu qu'il y reste va bientôt disparaître si on n'y retourne pas. Y retourner? Il n'y a plus de retour. Il n'y a qu'un revenir à soi, un aller vers. Pas de linéarité de l'expérience ou de l'identité. Qu'une conscience. Plus je regarde devant moi, plus je regarde en moi. Ceci, ma géographie.

Il vero divorzio
è l'emigrazione

Il y a sept églises catholiques et une église évangéliste à Guglionesi. Santa Maria Maggiore, San Nicola di Bari, Sant'Antonio, San Felice, la chiesa del Rosario, la chiesa di Santa Rita, la chiesa dei Moricelli. Il y en a déjà eu trente-trois. Chacune de ces églises dessert environ 500 chrétiens. Il y a à peu près 6 000 âmes dans cette petite ville juchée à 375 mètres au-dessus de la mer. J'appelle cela le respect des différences. Il y existe autant de partis politiques. Chaque citoyen et chaque citoyenne a le droit de choisir son Utopie. Un nouveau chemin à frayer, une nouvelle façon de vivre. Il y a quelques centaines de toxicomanes et autant d'alcooliques. Les premiers volent des radios dans les automobiles et siphonnent l'essence des voitures, pour se payer leur fix. Les seconds labourent la terre ou travaillent dans les usines pour se payer leur verre quotidien. Hier, nous avons trouvé chez lui un toxicomane pendu à la corde à sauter de sa fille. On a déjà cru que l'émigration était une raison valable pour s'enfuir d'ici. Aujourd'hui, l'émigration nous fait vomir. Elle a divisé plus de familles que le mur de Berlin. Toutefois, personne ne dit mot. Ce n'est pas à la mode et la métaphore n'est guère raffinée. L'émigration est le camp de concentration des miens. Sur le mur d'une de nos églises, des adolescents ont peint en rouge: *Il vero divorzio è l'emigrazione.*

Qui sommes-nous?

Les administrateurs de la ville font ce qu'ils peuvent pour trouver du travail à nos enfants. Les administrateurs de la ville ont même entrepris une campagne de promotion pour rapatrier les gens qui ont quitté la région. Les administrateurs de la ville font ce qu'ils peuvent. Si rien ne change, notre ville va disparaître en moins de cent ans. Nous les vieux, nous les jeunes, nous les fermiers, nous les étudiants, nous les ouvriers, nous les chômeurs, nous les femmes, nous les hommes: qui sommes-nous? Pourquoi limitons-nous l'usage de la langue italienne aux premières minutes d'un flirt pour ensuite revenir à notre bon dialecte? «Émigration, notre opium, notre religion. Émigration, unique parti politique pour lequel voter. Émigration, argent et quête de richesse. Émigration, nouvelle forme d'éducation. Émigration, notre sexualité.» Certains pays sont des grenouilles qui se prétendent des bœufs. Lorsque nous nous regardons, nous ne voyons pas les rubans de soie jaune et rose dans le ciel. Nous ne voyons pas les gondoles sur les eaux rouges de nos yeux. Nous voyons des visages aux traits tirés, pleins de graisse sous nos yeux mouillés de chiens. Nous voyons nos pantalons décolorés par l'eau polluée; nous voyons de la terre sous nos ongles brisés. Si nous sentons mauvais, ce n'est pas que nous ne nous lavons pas. Notre corps est aussi propre que la terre que nous labourons, que l'eau sur laquelle nous naviguons. Ce sont nos cousins de l'autre rive qui sentent le savon et le désodorisant dispendieux. Comment éliminer l'odeur qui dit la vie? Quand la nuit nous nous asseyons devant la télévision, ce n'est pas parce que nous n'avons rien à nous dire: nous avons tellement de choses à nous raconter qu'il vaut mieux ne rien dire. Nous préférons le silence et sourions aux mensonges qu'on raconte sur nous.

Vivre près de
Santa Maria Maggiore

Babbo, quel effet vous fait de vivre avec votre père, votre mère et votre frère, au Vico Carlo Diego Cini 6, avant même de prendre conscience de ce qu'il faut à votre pénis pour se durcir? Vous venez ici au moins mille fois pour regarder la dansecercle des moineaux qui chantent, pour écouter Santa Maria Maggiore sonner les matines. L'école: vous vous souvenez de cet édifice érigé par Mussolini? De la balustrade du troisième d'où sera poussé votre frère? Une ruelle trop étroite pour qu'un homme y passe, mais assez large pour un enfant, sépare votre maison et Santa Maria Maggiore. Combien de fois pissez-vous ici? Combien de fois venez-vous vous y réfugier quand votre mère vous punit? Quand les Allemands ou les Américains viennent à votre porte réclamer des filles? Blasphèmes et cris. Vous courez crier au monde comment ils tournent la terre sens dessus dessous. Vous nichez votre tête au creux de la poitrine de

votre mère pour éteindre le gronde-
ment des avions qui laissent tomber
leur indifférence sur une terre acquise
au prix de vos mouchoirs trempés de
sueur. Ni un commencement, ni une
perte; un moment où vous n'arrivez
même plus à réclamer ce qui vous
appartient et ce qui ne vous appartient
pas. Vous devenez le locataire de votre
propre existence. Même les filles et les
plages où vous les menez noircissent
sous ce ciel miné. Il vous reste heureuse-
ment Verdi, ou quelqu'un qui lui ressemble, dirigeant *Il Trovatore* devant
Santa Maria Maggiore. Vous êtes à la
droite de votre père, très grand sur vos
pieds, à écouter pendant de longues
heures, mais il vous faut éteindre le feu
jaillissant de vos veines. Vous cherchez
une eau en vain. Vous embarquez alors
sur le *Vulcan* grec chargé des promesses
d'une terre d'eau. Une eau essentielle
vous trouvez. Toutefois, l'eau ne peut
refroidir ce qui coule dans votre corps.
L'eau de vos yeux allume tout, ressou-
dant encore une fois histoire et pouvoir.

Nonna Lucia

Nonna Lucia reste au lit toute la journée. Elle ne se lève que pour manger du chocolat au lait pur, appuyée au comptoir de la cuisine. Elle regarde la fenêtre, ses yeux aveuglés par des cataractes aperçoivent une nuée d'anges. Elle demande: «*I tolto u caffè?*»

Nonna Lucia sait toujours quelle heure il est. Le nom des rues d'Amérique où habitent ses enfants. Elle se calme quand nous lui répétons qu'elle est le portrait de ma mère. Tonino rit: «Est-il vrai qu'à Vasto où vous êtes née, Nonna, une femme doit connaître sept hommes avant d'être satisfaite?»

Nonna Lucia, les bras brunis par un sang nonchalant. Son visage, bronzé par la mort, contre une blanche chevelure tirée en chignon. Elle entend sonner des cloches d'église. Se lève avec peine: «Une fois, j'ai transporté sur mes épaules plus de raisins que le mulet.»

Nonna Lucia ouvre ses lèvres gercées, laissant entrevoir ses dents cassées par le piment fort. Elle croise ses jambes. Sa main fragile sur la mienne: «Dieu m'a oubliée ici-bas. Pourquoi ne vient-Il pas réclamer ce corps trop frêle?»

Cameleonte

Ne pas brûler après la vie, comme un oiseau solitaire qui se consume dans la braise pour renaître de ses cendres, comme un amant qui se consume dans le feu de l'amour. Je refuse de mourir. Ou de devenir un autre. Je m'engage à être celui que je suis. Voilà ma lutte, ma raison d'être. Une continuité. Un *ici*, un *ailleurs*. Un pays pour l'émotivité, un pays pour l'économie. Ceci, ma double nationalité, mon entreprise privée. Si l'économie nous a transportés ici, notre devoir est d'analyser le changement en termes économiques. *Termoli*: la construction d'un terrain de stationnement s'arrête subitement. Un archéologue découvre une sépulture romaine. Quelle part de l'Italie est ensevelie sous notre sol? Je ne veux pas être enseveli avant mon terme. Si on tient à me comparer à un animal, que ce soit au caméléon actif et rusé plutôt qu'à un phénix de chimères.

Être Wop

Per Patrizia Di Pardo

Qui peut définir ce qu'est la fierté
nationale? Qui peut prétendre sentir les
gens qui vivent ici, bien que ceux-ci ne
s'en préoccupent nullement? Ne pas
revenir ici. Quelle est ma raison de ne
pas vouloir y revenir, si ce n'est la
crainte de ce que ce pays pourrait me
faire? Être né ailleurs, voilà comment
on nous définit. Mais la fierté nationale? Ce lieu, cette ville, ce territoire:
plus de vingt-sept siècles d'existence. Ô
Italia, nation au-delà de la nation, où
pouvons-nous te vivre, maintenant? Tu
n'es pas nerveuse quand tu déambules
parmi les citoyens de Rome, de Montréal ou de Francfort. Tu bois de la bière
et te mets hors de la portée des gens qui
désirent te parler. *Foro Romano*. Toi,
fatiguée d'avoir participé à une manifestation nationale Via Nazionale. Contre
la mafia et la Plaie Héroïne. Tu voudrais
que ce soit plus qu'un simple témoi-
gnage, tu veux dire ton désir de change-

ment pour ton peuple. Peuple sans frontières, peuple installé en maints pays. Que signifie être Italien? Être Européen? Américain? Te réconcilier avec le monde auquel tu appartiens. Mais quelle réconciliation est possible à partir des contradictions d'un être? Être une chose, être autre: quel choix as-tu aujourd'hui? Vraiment. (Un Frascati frappé entre les dents...) Pour qui lutter, sinon pour le peuple qui t'a donné naissance? Fermiers sans terre dont les voix ne chantent pas, mais ne sont que rumeurs dans le vent. Les cultures d'être ce que l'être ne peut plus jamais redevenir. Ici ou là: des identités sans culture. La culture italienne: qu'est-ce qu'être Italien en dehors de l'Italie? N'est pas Italien celui qui vit en dehors d'elle. Que signifie cette phrase? Peu importe où tu vis. Tu vis ta culture. Recharge tes batteries pour devenir ce que tu es essentiellement.

Per Antonio

Tony, tel que tu désires qu'on te nomme, dernier germe de ce qui est et de ce qui sera, ne laisse jamais personne te déprécier. Ne crois pas devenir riche en fuyant la pauvreté. Pauvreté te suivra où que tu ailles.

Au milieu de la nuit, je t'entends grogner et te gratter; tes nerfs, à vif, sont sur le point d'éclater dans ton rêve. Dernier des derniers, premier du nouveau, réveille-toi à toi-même, les terres de l'imaginaire ne produisent aucun fruit. Le déluge viendra à son heure. Critique-moi si je prononce mal mon nom. Enseigne-moi l'histoire dont je ne sais rien. N'espère pas fuir dans le rêve. Respire ton corps, bois le plaisir de la femme que tu aimes. Qu'elle te rappelle ton appartenance. Les mots pourrissent dans ma bouche, aucun texte possible sur la beauté de la naissance au monde. Ni au Viêt-nam, ni au Nicaragua, ni au petit comptoir d'hamburgers aussi propre qu'un contenant de valiums. Ni dans mes vêtements du dimanche qu'on ne distingue pas de mes vêtements de travail. Ni dans un bouilli sans saveur. — Ô melting pot de la frigidité. Entre le mariage et le divorce, entre le mariage et la solitude, une terre déchirée d'extrêmes. Des limbes de gens heureux qui s'embrassent sans ressentir le besoin de s'entretuer. Entre le oui et le non, entre le possible et l'indécision, une vieille maison de chuchotements. *L'amour eunuque n'est pas pour nous.*

«Jusqu'à quel point mon originalité peut-elle bander? Est-ce que ça t'excite?» Ô écrivant de lettres impubliables. Ô écrivain de weisswine. Ô vivant poème qui ne rime pas avec nos plaisirs aseptiques et modernes. Je ne suis pas un recueil de poèmes. J'ai peur. Ô organisation, dis-moi, qu'as-tu caché dans les manches de ta chemise? Je veux danser, je veux me dérider dans le tissu désir.

Le regard d'un enfant

À Filippo Salvatore

Le regard d'un enfant,
brillant de maturité
et d'une vision de plaisir,
qui fouille les poches de Papa
avec la même ferveur
que celle qu'il aura, plus tard,
lorsqu'il analysera le sens des poèmes
qui ont — même quand il ne les comprend
pas très bien — le goût sucré du pain
trempé dans le bol de lait chaud
au petit déjeuner.

Un album s'ouvre
au monde des révélations intimes.
Un ballon de soccer comme un globe
que l'enfant tente de contrôler,
mais qu'on pousse hors de sa portée.
Le veston déchiqueté par les jours,
qu'on met pour aller à l'école
ou pour jouer, est raccommodé
jusqu'à la maturation de ce fruit;

habit d'amour, foulard et cravate,
vêtements de sa dignité.

Enfin, prière et baiser s'épousent
et une chanson ravive le regard de la croissance
vers le cœur du ravissement
où naissent la poésie,
les enfants et la lucide innocence.

Les conseils
de ma mère

Rien ne germe d'une première tentative, rien de fertile ne naît de l'improvisation. Le geste libre n'est que lueur de génie. On doit se réclamer de cela et on doit aussi pouvoir s'en détacher. Se libérer de la mode oppressive. Le dialogue ne révèle sa profondeur qu'après de longues années de discussions autour de la même table, comme des étudiants cherchent la solution d'un problème mathématique. Le plaisir est but de toute discipline. Même le plaisir ne doit jamais se ressembler: chaque fin nous conduit vers des chemins inexplorés. Un baiser n'est jamais, la première nuit, pleinement savouré; pas plus que le baiser donné à la blancheur du papier par une plume. Il faut plusieurs baisers avant de connaître un moment d'extase, une extase temporaire. La facilité n'est pas promesse de succès. Le vin sur mes lèvres a goût de sueur.

Simmetria

Certains jours les phrases viennent toutes faites. Je sors me promener et je m'assieds auprès de vieillards, une canne entre leurs mains tremblantes sur lesquelles repose leur menton ridé, comme si ce geste tenait en équilibre des pensées qui refusent de vieillir. *Largo delle mura.* À nos pieds, une vallée d'abstractions sous des montagnes de neige. La symétrie du travail. La main-d'œuvre n'a rien de fictif. La vigne qu'on enroule autour des tuteurs plantés dans la terre sèche, les labours qui se transforment en jardins, la laitue dans des mains calleuses et crevassées, l'odeur rêveuse du grain coupé, le poème. Je pose mon stylo sur la table et descends vers ma propre symétrie. Je façonne mon paysage contre les motifs ondulatoires du ciel. Glissent mes doigts dans la terre endormie et se réveille avec ma salive le sexe du monde.

La tua fotografia

Per A.

Ta tête légèrement penchée vers la droite. Ton côté droit plus foncé que ton côté gauche (du moins est-ce ainsi que tu apparais sur cette photo). Tu portes une robe noire, des *braccialetti*, anneaux de joie, au bras. Tu te tiens à la balustrade, nous sommes au septième étage. Derrière toi, la basilique di San Nicola. À tes pieds, plus de voitures que de gens à Toronto. Le mur, à ta droite, est rouge. Un présage, sans doute. Mais ta poigne est sans force. Tu attends pendant que j'ajuste le foyer. Je suis distrait par une ride — tristesse, désenchantement — qui déchire ta joue en deux. C'est l'heure de la sieste, nous sommes occupés à nous aimer. Tu clos ta bouche, mais j'entends encore tes mots. *Ti voglio bene*. À présent, je ne puis plus te tenir. Je suis à des milliers de kilomètres de toi; j'ai cette image de toi et cette voix intouchable à l'autre bout du fil. Je perçois le changement

dans la photo, mais tu restes toujours la
même. Tu es mon Molise sous toutes ses
formes. Tu es le Molise.

Italia mea amore

Ils m'ont jeté hors de ma maison,
ils m'ont lancé à gauche et à droite,
d'une chambre à une autre,
d'un pays à un autre.
Ils ont changé mon nom,
ils ont coupé les boucles de mes cheveux.
Ils ont ri de moi
parce que je ne m'habillais pas comme eux,
parce que je ne parlais pas comme eux,
parce que je n'étais ni noir ni blanc.
Ils m'ont forcé à travailler
pour un salaire de misère.
Ils m'ont demandé de nettoyer leurs toilettes
dans leurs usines, leurs hôpitaux, leurs cimetières.
Ils ont violé ma grand-mère, ma mère,
ma sœur, ma fille, ma petite-fille.
Ils ont violé mon père, mon frère, mon fils.
Ils m'ont enjôlé, cajolé,
ils m'ont enculé.
Ils m'ont mis le pain dans la bouche
pour me dire ensuite que je l'avais volé.
Ils ont volé mes meubles, mon argent,
mon emploi, ma femme, mes enfants.
Ils m'ont envoyé à l'école
pour apprendre le sens de l'amour,
de l'argent, du travail.

Ils m'ont envoyé à l'université pour apprendre
que l'amour, l'argent, le travail sont absurdes.
Ils m'ont donné un diplôme pour avoir désappris
ma langue maternelle et mon histoire.
Ils m'ont appris à parler, blasphémer, étudier
voler, travailler, penser
avec leur langue, avec leur histoire.
Ils m'ont donné comme toute nourriture
du pain et de l'eau.
Ils m'ont dit que je n'étais personne,
ils m'ont dit que je ne serais quelqu'un
qu'en étant comme eux.
Ils m'ont dit que j'étais mort,
ils m'ont dit que tu étais morte,
ils m'ont dit que tu n'étais pas mienne.
Ils m'ont drogué pour oublier la couleur de tes yeux,
la douceur de ta peau, la chaleur de ton sein.
Ils t'ont appelée putain, voleuse, ivrogne, droguée,
hypocrite, terroriste, fanatique.
Et lorsque je les ai traités
comme ils t'avaient traitée
ils m'ont craché à la figure.
Mais il ne m'a fallu qu'un regard,
un baiser, une caresse,
une nuit près de toi
pour me redécouvrir et comprendre qui je suis.
Maintenant, lorsqu'ils me demandent mon nom,
je prends l'encre de ta terre
et à côté de Antonio D'Alfonso
je signe *Amore*.

LE NOUVEAU
BAROQUE

Saint Augustin. Donc, un texte pour Antonella D'Agostino avec qui, à Rome, j'ai appris à apprécier le Baroque.

Mina chante à la radio. Sa voix rauque pleine de blues. Je suis assis et je me demande comment nettoyer mon corps, comment le nettoyer de ses blues. Mon cousin Tonino est couché. Il ne veut pas se lever. Il dit qu'il se sent comme s'il avait transporté des sacs de fèves sur son dos. En réalité, depuis mon arrivée à Guglionesi, il n'a rien fait. Son travail consiste à amuser la famille, à lui donner un peu d'espoir, à lui indiquer une voie nouvelle, une nouvelle direction. Au temps du Baroque, la vie était aussi importante que l'art.

Mina chante *Rosa su rosa*. Moi, j'écoute ma tante frotter le nouveau plancher de marbre avec du vinaigre. Le

marbre. Le Baroque. Le vinaigre: vie
amère? Riz amer?

Sur ma peau, la fraîcheur de ma chemise à raies rouges. J'ai décidé de ne
pas mettre de camisole aujourd'hui.
J'ai mis des pantalons achetés à Flo-
rence, des souliers achetés à Termoli —
la mer, la mer — et une paire de chaus-
settes blanches de pur coton. Je me sens
vraiment Italien, ici. Mais j'en rougis.
On m'a obligé à avoir honte. Au Québec, au Canada, on n'a pas le droit
d'être ce que l'on est. Je dois m'habi-
tuer à être ce que je suis, malgré les critiques qu'on fait à mon égard.

Hier le Azzuri a battu Team Canada
2-0. Les Italiens du Canada, pour qui
prennent-ils parti? Où est le patrio-
tisme canadien? Le mythe américain:
l'Eldorado. (Ou est-ce *Ladorada*?)

Je lis Francesco Jovine. *Le terre del
Sacramento*. Lire Jovine est un grand
high lorsqu'un écrivain molisan le lit

dans le Molise. Guardialfiera — pays de Jovine — à deux pas de Guglionesi. Le glissement de terrain se voit bien de ma fenêtre.

Jovine a compris son peuple, ses espoirs, ses craintes. Son œuvre, fondée sur des dialogues typiquement cinématographiques, se présente comme une mosaïque. Le Baroque italien à son meilleur.

L'art italien est fondamentalement l'expression de l'esprit baroque. Vivaldi. Caravaggio. L'opéra italien des *castrati*. Peut-être l'expression inconsciente de l'art italien du Québec et du Canada anglais? Comment définir l'art baroque? (Relire McLuhan et l'histoire du Baroque.)

Le Baroque: perle de forme irrégulière (en portugais); manifestation artistique du XVIe siècle. Jamais le même, ni la même intensité de pays en pays. (Au XVIe siècle, il y avait également

Vermeer et Rembrandt.) Pourtant, une atmosphère. Un style bizarre de vivre, penser, créer.

Le Baroque: exubérance, déclamation contre l'ordre établi, contre la beauté harmonieuse; un mouvement sans fin. «Le Baroque tentait d'unifier des niveaux et des expériences différents afin de diriger l'attention vers un point de mutation.» (McLuhan, *Vanishing Point*.)

Capter le «point de mutation». Le Baroque: la photographie du XVIe siècle. Je pense à Gian Lorenzo Bernini, à sa statue équestre de Louis XIV (1670), à ses colonnes du Vatican (1656). Je pense à Francesco Borromini, à ses toitures mosaïquées — qui regardent Dieu — de San Carlo alle Quattro Fontane. Je pense. Je repense. Je revois.

L'art comme moyen de saisir l'instant fugace. *Les musiciens* de Caravaggio. Le théâtre de la photographie. Tout ce qui ne sert pas à la vie quotidienne. Comment fait-on pour voir l'essentiel dans l'absurde? Le Baroque peut être un contrepoint (Bach, toujours Bach) de l'essentialisme dont je parlais en 1977: l'art comme fruit du retour à la nature au «second degré», c'est-à-dire une nature revue — retrouvée — après une longue visite dans la culture moderne et urbaine. Le Baroque contre l'essentialisme? Non.

Le Baroque. Rire de l'artiste qui retrouve la nature innocente. L'artiste sait ce qu'est une chose, ce qui est absolument nécessaire pour que la chose soit une chose, sans laquelle elle n'est plus ce qu'elle est et devient autre chose. Le rire comme solution possible dans un monde trop sérieux, trop saoul de théories qui ne servent à rien, sinon à nous perdre davantage dans l'absurdité du sérieux. Le Baroque, c'est-à-dire le nouveau Baroque, ne va pas contre l'essentialisme; il est une autre façon de comprendre et de saisir l'essentiel toujours plus fuyant.

Montréal. Saint Victor. Je pense à mon oncle Vittorio avec lequel étant enfant j'ai partagé mon «lit de cochons».

J'écoute Franco Battiato: *On a Solitary Beach*. J'ai décidé d'aller de l'avant. Avec ma vie. Rien ne peut m'en empêcher. Je ne m'arrêterai plus. Désormais, qui veut me suivre me suivra. Les autres peuvent rester derrière moi. Ou devant moi. (Aller de l'avant, n'est pas une expérience qui se mesure en mètres.)

Fini ce désir de mourir. Je dois me prendre en charge. Avec la *passeggiata*. La promenade. Toujours la *passeggiata*. Comme un univers qui s'ouvre devant moi. Univers de ma parole, univers de la pensée. La promenade avec un poète du Québec qui me parle de la nature au second degré. De l'essentiel. (Relire mon article sur sa poésie.)

Le mot «baroque» a finalement perdu son sens péjoratif. «Il est redevenu une formule historiquement singulière, pour indiquer un mode d'expression lyrique se basant sur l'ingéniosité, l'esprit et la conceptualité, lesquels se traduisent, dans une forme particulièrement stylisée, raffinée et luxueuse qui favorise, entre autres et à des degrés différents, la figure rhétorique de la métaphore.» (G.D. Bonino, *Il tresoro della poesia italiana*.)

Le Baroque: période entre 1580 et 1759. Le nouveau Baroque: depuis 1975. Tant d'artistes à découvrir. À lire. À relire. La vie ne peut se terminer ici. La vie recommence. Je me retrouve à un autre point. Dans un autre monde. Plus à l'intérieur de moi. Plus à l'extérieur de moi. Plus dans ma propre réalité. La réalité qui rit.

Je pense à Pier Giorgio Di Cicco. Je pense à Marco Micone. Je pense à Maria Melfi, Maria Di Michele, Carole Fioramore-David. Je pense à combien il serait bon de vous lire en italien. Non parce que vous ne devez pas écrire en anglais ou en français, mais parce que notre réalité ne peut être bien comprise que si elle est perçue avec des yeux italiens.

Je n'écrirai plus (en anglais). Ce journal de bord dans lequel j'avance. Seul. Un pas en avant. Un pas vers l'ultime direction, l'ultime chemin. Découvrir moi-même. Nous. Un pas en arrière.

Le «moment de mutation»: lorsqu'on devient un autre. L'instant précis d'une transformation. Une action figée, le verbe se métamorphose en substantif. L'acte et le verbe possèdent une moralité qui naît de leur intériorité. Le *freeze frame* baroque, le substantif artistique, au contraire, ne connaît aucune moralité. Il existe en soi et est ce qui apparaît devant mes yeux, dénudé de tout optimisme et pessimisme, comme s'il était provoqué par une force mathématique supérieure.

Ici, tout a un sens, même les apparences de l'inutilité. À ce moment, on ne peut plus parler de fioriture superflue. Tout est feu sans attributs. L'être nommé. Nommer sans besoin de décrire sa propre histoire: le passé la voit partout sur le *visage* de l'action figée, le sentiment prisé.

Le Baroque est un lyrisme, peut-être, mais moins le romantisme du geste et l'automatisme de la modernité par lesquels le geste se présente comme une excuse et produit d'un instant ultime.

Dans le nouveau Baroque, le geste ne compte plus. Le début et la fin sortent de l'instant même, incorporés en lui, leur narrativité intrinsèquement liée à la mutation.

On peut parler d'une métaphysique du XVIe siècle anglais — celle de George Herbert et de John Donne — surtout parce qu'on sent dans leurs œuvres ce désir fou de fixer un processus dans lequel sont inclus un début et une fin qui dévoilent la manifestation de l'être, moitié vivant, moitié mort, sans avant, sans après, l'être manifesté, nu, avec sa propre histoire.

Et la modernité exprime une dramatisation de l'instant, autrement dit un moyen d'éterniser l'instant dramatique du geste artistique. Le nouveau Baroque refuse ce drame et cherche à communiquer dramatiquement l'essence dans un spectacle vigoureux.

Après la modernité — la nature urbaniste, l'urbanité comme nature — suit le nouveau Baroque qui ne distingue plus nature et urbanité, geste et essence. Le nouveau Baroque est la fiction de la fiction, le regard posé sur le regard qui regarde, une paranoïa créative caractérisée par la méfiance à l'égard de toute matière et ensuite de l'art (la réalité et la narration de cette réalité en termes linguistiques).

Le nouveau Baroque considère la modernité et la tradition comme faisant partie d'une même réalité, refusant ainsi le métalangage en tant qu'unique issue de l'art contemporain.

Le nouveau Baroque en tant que clown blanc. (Saint François d'Assise. Tous les saints comme métaphore du monde occidental. Un langage collé au langage du réel.)

Le rire. (Lire l'histoire de la comédie. Lire Henri Bergson: *Le Rire*. Revoir les films de Toto et du jeune Fellini. Revoir et revoir *Francesco, giullare di Dio*, de Roberto Rossellini, écrit en collaboration avec Federico Fellini. Ne jamais oublier Charlie Chaplin, Jacques Tati.)

Le rire.

DE L'AUTOCRITIQUE

À Patrick Straram

Le cerveau des Noirs correspond au cerveau immature d'un fœtus de six mois dans le ventre d'une Blanche et les sutures crâniennes des enfants noirs se referment plus tôt que celles des Blancs, de sorte qu'il est dangereux de vouloir apprendre trop de choses aux enfants noirs car on court le risque de gonfler leur cerveau au-delà de leurs capacités naturelles...

LOUIS AGASSIZ (1870)

En 1920, le professeur Goddard de l'Université de Princetown applique les tests de quotient intellectuel aux immigrants et démontre que 83% des Juifs, 80% des Hongrois, 79% des Italiens et 87% des Russes sont des imbéciles.

Il faut entrevoir la possibilité d'un mélange racial infiniment plus dangereux que celui subi par les pays européens, car nous sommes en train d'incorporer les Noirs dans notre patrimoine racial. Le déclin de l'intelligence américaine sera plus rapide... à cause de la présence des Noirs.

CARL BRIGHAM
*Étude de l'intelligence
américaine* (1923)

La pauvreté de l'argent

Par où entrer? Par la porte d'en arrière ou par celle d'en avant? Et s'il n'y a pas de porte, comment entrer? Tu ouvres un cahier avec l'espoir d'y trouver des feuilles d'or, tu ris à l'idée qu'on puisse comparer les mots à l'économie. Tu te rends rapidement compte que l'or a une façon bien à lui de te prendre au collet, de t'obliger à te mettre à genoux. Ni le karaté, ni le yoga ne peuvent t'aider à te libérer de ses chaînes. L'argent te cloue au sol et compte le point. Ici, toi; là, ton cri. Les rats courent dans les fissures de ta force; aucun piège, aucune image n'est trop violente pour décrire l'espoir. Les adjectifs ne disent rien dans ce jeu de volonté où savoir est ignorance. Il n'y a pas de règles, et tu n'as aucune limite. Une maison abandonnée, ses portes claquent violemment — le vent est aussi obstiné que toi. Si on ne t'invite pas, tu enfonces la porte et entres comme un terroriste.

De l'écriture

1

Écriture comme mémoire. Écriture aussi comme moyen d'extraire l'essence de la réalité. Écriture qui déclame, qui chuchote, qui fond en larmes. Une façon de parler même si parler suggère narration. Une narration nécessitant expansion, coloration, complexité.

2

La langue, une chose qui se contient elle-même. Ce ne sont pas toutes les langues qui, a priori, possèdent une mémoire. Elles peuvent ne rien posséder du tout. La langue, alourdie de son propre poids. Elle est énergie propulsant son utilisateur. Qu'il le veuille ou non.

3

La langue n'est jamais neutre. Instrument de propagande, elle exprime le sens qu'un peuple lui confère. Écrire, c'est se remémorer les voix de ton peuple, la voix de ceux qui sont venus avant toi. Écrire est aussi un paramètre qui te rappelle ce que tu peux, ou ne peux pas, faire à ta langue.

4

Écrire, c'est se souvenir. C'est la mémoire de ce que tu fais à ta langue, physiquement.

5

Jamais deux peuples n'utilisent le langage de la même manière. Jamais deux peuples n'utilisent la même langue de la même façon. Ces dissemblances fondent les nations. Être différent est

matière à éloges, non pas à discrimi-
nation.

6

Je peux emprunter le style d'un écrivain. Je ne serais alors que l'émule
d'une théorie stylistique énoncée à une
autre époque. À la fin du compte,
cependant, je me retrouverais seul
devant la blancheur de la langue. Car
une langue perd inévitablement sa
mémoire entre les mains d'un écrivain.
Surtout si cet écrivain écrit dans une
langue qui n'est pas la sienne, qui n'est
pas celle des siens. *Différence*.

7

Enregistrer ce que je fais au langage:
impulsion qui me pousse à écrire.
Quand j'écris, j'ai en tête la mémoire
d'une langue et j'exprime cette mémoire dans une autre langue. Un
mariage des mémoires. Je ne puis écrire

sans oublier les mots italiens qui décrivent les panoramas d'une nature maîtrisée par l'homme, celle qu'on aperçoit du haut de Guglionesi.

8

Même l'italien est une langue apprise. Langue du nord, ce n'est pas la langue dans laquelle mes idées émergent, ni la musique qui naît en moi la nuit lorsque je n'arrive pas à dormir. Déjà là, une transformation s'opère: du guglionesano à l'italien. Quand j'écris, je traduis. Parfois, aucune traduction n'est nécessaire; mots et phrases surgissent, toutes faites, en anglais ou en français. Un lien de différences.

9

Un besoin de *liaison* et non pas d'une assimilation des mémoires. Une passion. Une passion aveugle. L'impulsion non tempérée cherchant la science capable de hisser la passion au plaisir. La sexualité de l'écriture. La non-linéarité des langues que je lie les unes aux autres.

10

Je ne fais pas exprès pour briser le rythme naturel du langage. C'est ainsi qu'il émerge de mon corps. Une respiration. Ainsi je respire. Lorsque les critiques dénigrent la rigidité et le manque de naturel de mon écriture, cela équivaut à mépriser ma façon de respirer ou d'être ce que je suis.

11

L'écriture est intrinsèquement radicale. La singularité de l'écrivain fait évoluer l'écriture, enrichit la mémoire d'une langue et, ultimement, d'un peuple.

12

Je ne suis pas nord-américain, même si je travaille sur ce continent. Trop souvent j'ai souffert d'être celui qu'on remarque dans une foule; je commence seulement à accepter ma différence. Je suis ce que je suis et je cherche à me mettre au diapason de ma peau et de mes os. Ceci, mon style. Ceci, l'odeur de ma langue.

13

J'écris pour saisir et décrire l'expérience de n'avoir jamais eu, en moi, de langue solidifiée. La fluidité de la langue. La langue comme liquide.

14

Si écriture est mémoire, elle est amnésie pour le lecteur. Pourquoi lire un livre si on garde la mémoire de ceux qu'on a lus au préalable? Quand il fait l'amour, l'amant compare-t-il la femme qu'il a entre ses bras à celles qui l'ont précédée? Le moment présent comme unique vérité. La lecture: exercice d'oubli.

15

Non seulement oublier les livres antérieurs, mais aussi la ligne qui précède immédiatement celle qu'on lit. Interroger ce que l'on fait tout naturellement. Nommer son style.

16

M'importe moins de nommer ce que je fais que de faire ce qui doit être fait. L'écriture est mémoire, analyse de ce qui doit être fait. Comme la vidéo, l'écriture saisit et décrit sans théoriser sur l'objet saisi et décrit. Pour que l'écriture vienne à être, il faut pouvoir la nommer ensuite. Voilà la fonction du critique: solidifier la fluidité du langage.

17

Écrire, mais aussi analyser. Écrire, et être lu. Sans les yeux du lecteur, il n'y a pas d'écriture, l'écriture ne peut devenir mémoire.

Penser

L'Express. Sans la moindre nostalgie. Ce regard vers l'arrière suscité par une passion des paysages. La chambre numéro 6 aussi douillette qu'une toilette. J'écris dans un cahier posé sur une chaise qui se transforme en cuvette. Je cesse d'écrire et surprends mon reflet dans la vitre. J'ai grossi. Dépasser la comparaison entre celui que j'étais et celui que je suis devenu. Les serpents qui gargouillent dans mon estomac s'endorment. Ni destination, ni départ. L'heure entre le sommeil et l'éveil. Y a-t-il images plus claires que celles enveloppées de brumes? Quelle netteté. Un instant de clarté et d'incertitude. Aucune pensée figée, rien que la pureté du penser.

Pour Louis Dudek

Plus tu pénètres la mémoire, plus tu approfondis le langage. Et celui-ci tient des origines. Non: les origines ne sont pas inutiles, elles sont source d'identité. Si «chaque personne rencontrée est un lointain cousin», pourquoi a-t-on construit cette tour de Babel? L'inutile, c'est la vanité que tu peux entretenir en devenant *toi*.

Qu'est-ce qui te rend différent des autres, différent de celui que l'on pense que tu es, différent de celui que tu crois être?

Quand je regarde en arrière, je ne regarde pas derrière moi. Le passé n'est pas une maison que j'ai abandonnée. Ce n'est pas derrière moi que je vais trouver mes origines. Mes origines me recouvrent comme une peau, font partie de moi comme la pigmentation de ma peau.

Comment acquiert-on le goût? Pourquoi, un matin en te levant, te sens-tu obligé de passer d'un état d'être à un autre, et à un autre encore? L'émigration, quand elle commence, n'a pas de fin. Nomadicité.

«Ne compte pas sur les émigrants pour construire un pays. Tout ce qu'un émigrant peut faire, c'est t'aider à construire chemins de fer, avions, routes, maisons, hôtels. Tu peux convaincre un ou deux émigrants d'investir, mais pas plus. La seule patrie pour laquelle lutte un émigrant est celle de son cœur et de sa famille.»

Ce n'est pas une utopie. Ce n'est pas une base nucléaire. L'émigrant ignore tout de ce genre de fantasmes. Son pays est la langue maternelle qu'il désire transmettre à ses enfants. Ces enfants méprisent l'essence même de l'émigration.

Quand je dis *je*, je parle d'un environnement social qui m'habite et de celui qui m'entoure. *Je* n'est jamais seul. Une famille, un peuple, une double citoyenneté qui, en temps de guerre, devient soudainement primordiale. Si je puis encore chercher ce que je suis, c'est que je ne me suis jamais perdu.

Sono quello que sono, je suis ce que je suis. Une différence que l'histoire m'a imposée. Une façon de vivre selon des normes que je me suis à moi-même imposées. Poésie, poésie, poésie... comme une perceuse électrique qui fore des trous dans la terre de mon histoire.

Économie nouvelle

Irving Layton pénétra les muscles serrés
de la cervelle puritaine
et de l'autre côté trouva la liberté.
Il sentit le racisme heurter le mitan
de son jour, et hurla.
Je respecte l'homme qui sait crier
car il ne supportera jamais
de chaînes à ses chevilles ou dans sa tête.

Gaston Miron lui aussi pleura: son sexe
sentait trop la terre du Nord,
trop l'air frais de l'Arctique.
Il sentit une corde serrer
sa gorge, mais sa langue jamais
ne se mit au service de la haine.
Il a depuis construit
une maison dont il peut être fier.

Si tu es né sans demeure et
que ton nom se termine par une voyelle,
ce poison dans la bouche
des consonnes, apprends de Layton
et de Miron comment ne pas arrondir

ton accent, ou affadir la couleur de ta peau.
Apprends la langue de l'argent
et apprends à t'en servir pour chanter.

Le poète
et le critique

«Je n'aime pas ce livre, il fait preuve d'une susceptibilité d'adolescent. On y trouve trop d'opulence, trop d'extravagance où s'enlise un contenu sans substance.» La femme est assise en face de lui, distraite par le mouvement de ses bras, par l'expression de ses mains. «Tu aimes les mots... tu utilises des mots aux racines latines là où un mot anglo-saxon ferait l'affaire.» La femme trouve impensable qu'un homme aussi peu raffiné que lui puisse faire montre d'une certaine intensité poétique. Ceux de sa classe sociale ne lisent ni n'écrivent. Il boit une gorgée de bière. «La majeure partie de ce volume n'est qu'extase verbale et agonique, écriture automatique bourrée d'abstractions sinistres. Ne serait-ce de quelques bons poèmes, on serait en droit de se demander si D'Alfonso devrait écrire en anglais.» Un point d'interrogation. Il y a plus de poésie dans les dires de sa grand-mère que dans le compte de banque d'un homme riche. «Comment réconcilies-tu la poésie et tes origines d'ouvrier?» On ne sait plus ce qu'elle raconte. «Tes poèmes auraient pu connaître un certain succès en banlieue de Paris, circa 1870; quelques-uns auraient sans doute fait sourire Baudelaire, peut-être Voltaire. Intéressant comme contenu, mais manque de profondeur. Les images servent à illustrer un concept, au lieu d'être la manifestation organique d'une perspicacité de vue.» *Un autre silence mène à un autre chant, un autre chant mène à un autre silence.*

Je suis duel

J'écris sur ce qui ne me regarde pas. Sur ce qui ne cesse de me «regarder». Ce qui ne cesse de m'épier, de me scruter comme si j'étais un bandit, un traître. Je ne parle plus, je me tais parce que je sais que tout ce que je pourrais dire pourra un jour servir contre moi. Je suis debout devant un tribunal invisible, celui qu'on a mis dans ma tête.

Il n'est plus nécessaire d'instituer une maison de la censure, on me l'a construite dans la tête. Qui, mieux que moi-même, sait quoi dire ou ne pas dire en public? Je ne suis plus seul. Ou bien je me retrouve extrêmement seul, sans amis, sans amour. J'ai peur de tout, j'ai peur de tous. Je ne me sens pas bien en public et j'ai perdu le plaisir de vivre seul. Je vis seul, partageant mon temps avec des amies seules.

Il y a beaucoup trop de solitude autour de moi, trop de solitude en moi. Je suis un être sexué qui volontairement met en question son rôle d'homme dans sa communauté. Voilà le mot clé qu'on voulait entendre sortir de ma bouche. De quelle communauté parlé-je?

Je cite la définition du mot *comunità* du *Dizionario Zandron della lingua italiana* — être italien c'est, entre autres, se référer à une source intellectuelle italienne. «Communità: Insieme di persone appartenenti allo stesso gruppo etnicoculturale: le comunità italiane in America.»

Je sors de ma *comunità* pour aller où? Je sors de ma *comunità* lorsque je te parle en français, mon amour. Je sors de ma *comunità* lorsque j'apprends l'anglais, my love. Je sors de ma *comunità* lorsque je parle de l'Italien que je suis, amore mio; lorsque je dis merde à l'«omertà culturale italiana». Car qui mieux que l'Italien refuse de parler de son italianité? Sortir de ma communauté, c'est aller au-delà de mes limites, *coming out of the closet*. Et qui sort de son silence est passible d'une peine.

[141]

Mais qui nous condamnera? Ton père, ton frère, ta mère, ta sœur, ton prochain, ton ennemi. Alors, pour sortir, je m'habille, j'utilise des mots d'ordre: je suis un Italo-québécois, I am an Italian-Canadian, je suis un intellectuel, je ne suis pas un transculturel, je ne suis rien du tout. Je suis ce que je suis et je me défends.

Je suis celui dont on ne veut pas chez soi. Sortir, c'est s'offrir, souffrir, mais surtout se donner; c'est commencer un commerce d'échange. Mon modeste travail d'écrivain et d'éditeur se base principalement sur cette notion d'échange. C'est ce désir d'échange qui m'a poussé à écrire, à écrire en français, en anglais et en italien.

Mon appartenance est bien nationale: anthropographique plus que géographique. Le territoire aujourd'hui n'est pas une question de terre — je ne suis pas le paysan qu'étaient mon père et ma mère. Je suis urbain, d'une urbanité précise, une urbanité construite à partir de matériaux mis à ma disposition par l'histoire de deux peuples.

Je suis de deux nations, de deux imaginaires. Mon désir n'est pas d'être singulier ou pluriel, ni interculturel ou transculturel. Je suis duel: 1. Québécois, avec tout ce que cette notion comprend; 2. Italien, avec tout ce que cette notion comprend. Je vis de certitudes imparfaites et de mes contradictions.

Je ne suis pas *American*: c'est-à-dire un melting pot. Je ne me mélange à rien, je suis une identité impure, mais pas un hybride. Je sens (au sens de sentir et d'odeur). Ceci ne veut pas dire que je suis anti-américain: la critique est valable.

J'écris et me donne tel que je suis. Je prie pour qu'il n'y ait pas de guerre entre le Québec et l'Italie; je ne veux mourir ni pour l'un, ni pour l'autre. L'écrivain n'est pas un soldat, mais un guerrier de sa culture et du partage. Je t'offre de nouvelles références, une autre vision de la vie d'ici et d'ailleurs. Je suis une autre voix qui vient par une autre voie.

Le 25 février 1985

Apatride

Compositeur, peintre, sculpteur, tout sauf: écrivain. Quand je m'assieds à mon bureau, le stylo en main, je me demande toujours quelle couleur d'encre utiliser, quel dictionnaire consulter, de quel livre d'histoire m'inspirer. Je voudrais être né sur une terre qui a vu mes parents et grands-parents labourer ce même coin de pays et manger ses fruits, construire des maisons et des ponts qui toujours les ramènent au point de départ. Mais je suis né pour voyager, pour déménager d'une maison à l'autre, pour traverser d'une rive à l'autre, toujours touriste où que j'aille, enviant ces étrangers qui labourent leur terre, qui construisent leurs maisons et leurs ponts. Je suis l'éternel pèlerin condamné à ne jamais pouvoir dire: *Me voici restitué à ma rive natale* (Saint-John Perse).

De l'autocritique

Lui qui aspire, lui qui inspire. Aller de l'avant. Concentration. Litige. Pas d'idée plus valable qu'une autre. L'unanimité est parfois tellement pervertie. On ne déflore jamais la vie, elle ne peut que s'épanouir comme fleur. La vie plongeant en elle-même. Consumant sa propre existence. Trouvant sa propre essence en ses mutations. En elle-même, avec elle-même. Seule. Espoir silencieux, puisqu'en tout fleurit la tendresse. Toujours ce sentiment que la vie vaut d'être vécue.

Pour l'abîme alors. La vérité découverte grâce aux mensonges? La beauté grâce à la laideur? Et qu'est-ce que la laideur? Souffrance. Quitter la chose ou la personne que l'on aime. Je le quitte parce que je l'aime, dit-elle. Pour accéder à sa présence. Naïveté déployant du génie. Douleur criant son plaisir soleil-pluie. Le rire: réalisation de soi. Avec les autres, par les autres, en les autres.

Je retourne en mon pays et rends heu-
reux ceux que j'aime (Albert Camus).
Terre de bonne terre.

L'autocritique puisque les autres ne le
pourront, ne le feront pas. Pourtant,
eux aussi ont besoin d'être critiqués.
Comment accepter ce qu'on ignore?
Une question de bonne foi? Ceux qui
ne craignent pas l'autocritique ont en
main la clé de la liberté. Viendront-ils
de l'ombre?

Poésie, histoire jouant de l'abstrac-
tion. Mort d'un excellent investisse-
ment: qu'est-ce qui attire poésie et histoire comme amants? Ce qui se dit, ce
qui s'écrit, se réinvente dans le vent. Le
présent durera-t-il éternellement? La
vie s'offre à la vie et, comme ce vent qui
s'infiltre entre les ormes en voie d'ex-
tinction, un interstice. C'est l'aube. On
dirait un flamboiement.

ROMAMOR

Comprends-tu que ce n'est pas toi qui la portes mais elle qui t'emporte là où tu n'aurais jamais cru qu'il soit possible de revenir — à des naissances continuelles.

PHILIPPE HAECK
La Parole verte

Elle

Le soleil éclate
son goût aussi amer
que mon espresso.

Ses seins, doux noyaux
d'avocado prennent racines
dans un verre d'eau.

Ses lèvres s'ouvrent
comme des parasols.
Elle, mon refuge.

Italia-Express

Elle dit: «*Da quando sei in questo treno?*» Il dit: «*Una vita.*» Plus qu'un moyen de locomotion, une expérience du désir. Pourquoi la littérature ne parvient-elle pas à traverser les limites de la peau? La dénomination des lumières, l'émulation des jeunes, le train. Une image plus qu'un voyage dans le temps. Une métaphore incomplète, sans queue ni tête. Un dialogue. La Toscane, le Molise. Une excuse pour séduire. Une apposition. Rouge, vert, et entre les deux les éléments flous du blanc. Deviner la chevelure rouge sur la douceur couleur olive. L'obscur non-dit sous la main, la cosmographie de nos sexes. Le train, son roulis, notre équilibre.

Érotisme des mots

Fasciné par le langage comme par un paysage. L'expérience tactile des mots. Imaginaire: relief physique des phrases. J'écoute non pas le sens, mais les possibles échos du génie langagier. Pourquoi le langage a-t-il modifié ma façon de vivre? Entendre les muscles de la bouche, des lèvres, des langues, des joues, des gorges qui s'éveillent. J'aime t'écouter, *amore mio*, quand tu portes ton corps à mes lèvres. Notre amour: un aller vers le connu, au-delà du connu. Concentration. L'inconscience émergeant de nous. L'érotisme des mots. L'horizon de notre amour.

Notre continent

«Le lit comme une île, la table de cuisine un continent. Invite tes amis, célébrons. La nuit nous appartient, mon amour: tu blagues. Ce à quoi tu t'attendais adviendra. Assieds-toi près de moi, dis-moi ce que tu fais. On ne te voit plus depuis quelque temps, pourquoi? Ne me demande pas de faire l'amour, je veux rester ici dans la cuisine à parler de ce que nous ferons sur notre île. Si j'y vais, promets-moi de me ramener sur le continent. J'ai été si longtemps confuse, je ne sais plus ce qui est bien, ce qui est mal. Je me sens si près de ma nature auprès de toi. Puis-je baiser ta main? Sentir sa sécurité? Je voudrais que ce repas n'ait pas de fin. Je sais que ce sont là des phrases qu'on n'entend même pas dans les plus mauvais films. Et pourtant, je veux te les dire, croire que je suis seule à les avoir dites. Je m'en sens d'autant mieux. Où irons-nous cette nuit? Nulle part. Transforme ce lit en un continent, mon amour.»

Pour nos enfants

Où étais-tu, mon cœur aux cheveux rouges, quand le Tibre est sorti de son lit? Quelle plate-forme t'a sauvée de la noyade? Nos mains, fortifiées par notre puissante volonté, construisent de meilleurs remblais sur lesquels nos enfants s'assiéront pour regarder les eaux vertes se purifier. Nous vivons une ère de science, ma sœur; nous devons savoir comment poser et comment répondre aux questions de la finance, de l'architecture, de l'émotivité. Nous ne pouvons pas dire je ne sais pas, je m'en fous. Ce que nous possédons, nul ne peut le détruire ou le brûler. Voici les édifices où habiteront nos enfants.

Arbres

Dans nos maisons, tout est amovible. Rien de figé, sinon ces personnes mobiles. De toutes parts, leurs racines s'étirent comme des élastiques. Une fête de la mobilité. Voilà pourquoi elles ont inventé l'émigration. Vois-tu ces arbres qui se promènent, leurs branches supportant des sacs remplis de fruits et de légumes? L'heure du dîner. Heure de pointe des estomacs vides — vides? Ceux-ci, arbres toujours affamés portant dans leurs bras de petits arbres qui grandissent de plus en plus sainement. Samedi. Une heure trente. Les fenêtres sont ouvertes, les chambres humides. La pluie commence à tomber. Pas de visages tristes, il n'y a que des arbres de plus en plus verts.

Se son rose,
fioriranno

Notre amour, cet amour, est-ce pour rien? Il n'a pas de nationalité et ses détracteurs — quand ils parlent de nous — sont désarmés devant lui. Nous ne mourrons pas, nous ne pensons pas au suicide. Notre amour n'a pas comme langue maternelle l'esperanto; pas plus a-t-il le but de devenir androgyne. Son modus ne nécessite aucun sacrifice. Quand nous partons, c'est pour revenir meilleurs. Comment allons-nous le préserver? Comment le nourrir à distance? En écrivant des lettres? En utilisant l'interurbain? Reviens là où nous étions il y a une heure seulement. Nous les bâtards, nous avons dessiné le territoire de nos mère et père. Nous qui ne possédions rien, nous avons appris à devenir des amants internationaux. *Se son rose, fioriranno*.

Liens

Ne jette rien par cette fenêtre. Ceci afin de garder notre équilibre, dans un lieu, ici, terre du cheval ailé, terre de femmes sur les hommes, comme la tête de la chèvre sur le dos du lion. Amour étrusque. Qui oserait jeter un morceau de soi par la fenêtre? Ne sors pas la tête, la réalité qui fonce vers nous à toute allure la coupera. Regarde ce lointain château et pense à l'histoire. Ce n'est pas une table que font fibrer les fantômes. Pense à l'amour. Pense à ton peuple, mon amour. Je veux être le ver qui creusera des trous dans ton sol. Je veux être la maison au toit rouge sur ton drapeau vert. Je veux être le ciment céleste qui liera ta terre à ta mer. Je veux être tout ce qui liera la terre à la terre. Ta tête sur mes genoux, tes rêves comme le vent dans les cheveux. J'apprends lentement à lier mon corps au tien; cela suffit pour le moment.

La passion, m'oubliera-t-elle un jour?

La passion, un jour, m'oubliera-t-elle? Dans chaque fibre, sur toutes les tables, dans l'autobus, dans un bar? En mangeant, en buvant, en t'embrassant? Passion. Mystère de la Passion qu'on improvise. Chaque scène pleine de présence, pleine d'absence. Les comédiens attendent le signal du metteur en scène. Passion, *amore mio*, au cinéma, serrant mes doigts sur les muscles de tes cuisses, ta main qui caresse doucement ma fermeture éclair. Passion tu écartes tes jambes plaçant les paumes de tes mains sur mes fesses te serrant contre moi ta langue sort de ta bouche mouillée par notre salive qui appelle ma langue qui sort de ma bouche mouillée par ta douceur passion le doux creux de ton cou et tes seins qui attendent que mes doigts viennent s'y reposer tes épaules mes lèvres qui sucent les couleurs le rouge de tes taches de rousseur notre passion le reflet du miroir de notre amour Roma Amor l'autre côté du désir que je cherchais ROMAMOROMAMO-ROMAMOROMA

Roma, 30 octobre 1984

SIX

Et dans sa pensée deux voix égales, alter-nantes, qui jamais ne se rencontraient, se faisaient entendre à tour de rôle. Ces voix étaient contraires mais non pas ennemies.

PIERRE JEAN JOUVE
Pauline 1880

Roma-Montréal

Ville catholique, cathédrale délaissée par Dieu, force existentielle sacrée de l'être. L'autobus s'arrête ici. Ici, le touriste sort son Nikon, ici le critique dénonce la pierre tombale barbare de ceux et celles qui se sont battus pour empêcher leurs compatriotes de quitter leur pays. Ici, je ne suis pas un étranger dans un monde de minorités. Ici, c'est le guet qui me permet de voir le rivage lointain, de voir encore plus loin dans le désert qui m'appelle de plus en plus. Il n'y a pas de pays qui ne t'ouvre les portes à un autre pays. Ville sur ville sur ville. Il n'y a pas de terre innocente, il n'y a pas de terre naturelle. Il n'y a qu'un désert à peupler avec de l'histoire et une langue. Ô donne-moi le billet qui me permet de visiter l'autre côté de l'univers. Maintenant que j'ai réappris la syntaxe de mon souffle. Maintenant que les muscles de ma bouche se détendent. Je veux apprendre les langues de l'histoire. Je veux voir la magie de mes propres yeux, libérer la

galaxie de ses fêtes inutiles, de l'ignorance. Ma grammaire: ma lutte contre
les maisons sans grammaire. Non pas
nostalgie, mais une visite au paradis
avant de sombrer dans un autre enfer.
Je veux colorier avec l'encre de l'imagination. Trouver plaisir à vivre la diffi-
culté de l'être. Roma-Montréal, pour
moi, une seule et même demeure, foyer
de l'analyse et du devenir.

Roma

À Maria Di Michele

C'est un état de grâce varié par l'air moderne.

CLAUDE BEAUSOLEIL

Roma. Sous la pluie. Errant par le Lungotevere. Après minuit. Sous un parapluie trop petit pour deux. Tournant en rond devant le Palazza di Giustizia. Le ciel, une grande fontaine. Voulant tellement comprendre le passé qu'on nous a volé. Nés ailleurs, non pas nés ici. Être toujours ailleurs, avec ce besoin d'être ici. Ni l'ici, ni l'ailleurs perçus comme idéal. Notre Utopie, le choix d'être ici ou ailleurs. *Passim*. Roma. Sous la pluie. Errant dans les rues romaines. Deux lions nés un 6 août. Tous deux parlant le dialecte féminin des Frentani très masculins. L'histoire nous tord avec son amour baroque. Quelle perversité: ne venir de nulle part. Antipatriotique. Blasphématoire aux yeux de ces divinités omniprésentes. Mais nous ne sommes pas des dieux puisque nous ne possédons aucun lieu de repos, aucune demeure que nous puissions dire nôtre, aucun trou dans lequel se réfugier. Nous oscillons comme un poteau indicateur qui geint dans le vide. Nous sommes poussière sur de vieux meubles, qui tombe partout, nulle part. Dans quelle case inscrire le X? Roma. Sous la pluie. Errant par la Via della Conciliazione. Nous réconciliant sous les colonnes de Bernini, courant sur le Ponte et le Corso Vittorio Emmanuele II, trébuchant dans le Pink Bar où un Sarde gay nous paie un scotch-on-the-rocks parce que nous venons des Abruzzes. Deux passeports. Deux personnes en une. Deux amoureux que nous ne savons jamais comment embrasser. Comment leur parler? Lequel vanter? Nous souffrons d'insomnie. Qui blâmer? «Je ne voudrais pas être à votre place», dit notre ami dont les yeux sautent de l'un à l'autre jusqu'à ce qu'il rencontre celui de nous deux qui aura le corps le plus doux au lit. «Si ça continue, vous allez finir par ressembler à un portrait de

Picasso.» *Passim*. Roma. Sous la pluie.
Errant du côté de la Piazza della
Rotonda. Trempés de plaisir et de schi-
zophrénie, ce que d'autres appellent
notre *ars poetica*. Comment nous désal-
térer? Cet état de grâce varié par l'air
moderne? Enfin, nous voilà arrivés au
Vicolo del Divino Amore, où nous nous
essuyons et dormons dans les plis de
notre détermination.

Barbara Engelmann
à Arezzo

A*us der Zeit.* Ange des hommes dans cette ville où sont nés Piero della Francesca, Francesco Petrarca, Giorgio Vasari. Arezzo: ville de jeunes hommes, de rêves étrusques, des épingles d'or sur des robes qui flottent jusqu'au pavé de marbre. Une écrivaine allemande qui vit dans un poème italien. Qui marche à mes côtés. Dans cette pluie purifiante. *Solo e pensoso? Ragionando con meco, et io co llui.* Ici, Via Italia croise Via Garibaldi. Merci à Garibaldi d'avoir montré un tel entêtement.

Moi aussi je fête l'unification de l'Italie, moi qui ai si longtemps été contre l'unification. Moi aussi je chante pour une seule Italie, un peuple qui partage son pays. Moi aussi je monte sur cette plate-forme de la prière et de la communion. Nous sommes dans le Duomo et *allora spavento ora tanta pace e interna luce* (Giorgio Vigolo). Je suis en

paix avec l'histoire. Ici, à Arezzo, l'hé-
misphère du sud dans le nord. *Wer
würde behaupten, Worte sind Worte,
Papier und Tinte*, chuchote Barbara
Engelmann, qui décide de fermer son
parapluie sous l'averse. «Ce n'est pas
une pluie, mais de l'eau sacrée.»

Je ne peux plus
écrire comme avant

Per Silvia

Une poule folle, la tête guillotinée. Le cœur noyé dans le sillage du trafic des émotions. Une main coupée tombe du bras de l'imperméable jaune. Le tapotement du devoir. Qu'on suce le sirop des forêts n'est rien. Orgasme, épuisement, feu ne sont rien, rien, rien. Ce qui blesse est signe de tête qu'on écrase comme la mouche est écrasée par une main. La paume de la main, les doigts de la main qui se retirent, un chat en laisse qui se recroqueville, une chenille qui se courbe sur une tige de bois, vers soi. Toujours vers soi.

Les choses que tu te dis, lorsque tu es seule, ou lorsque tu es couchée près de ton amant ou de ton mari, lorsque tu te fais sucer par une femme ou un homme que tu as acheté pour cinquante dollars.

Les choses que tu ne dis à personne, les choses que tu ne veux dire à personne, mais que finalement tu dis à tout le monde, les choses que tu ne dois dire à personne et que tous finissent par savoir, les choses que tu dois dire mais que tu refuses de dire. Les choses, les choses, les choses.

Je ne veux plus de l'agonie du geste: je veux rire des tortures que je me fais subir, des plaisirs que tu te refuses. Je veux cesser de jouer au protagoniste d'un film d'Eisenstein. *E salverei chi non ha voglia di far niente e non sa fare niente* (scrive Franco Battiato). Je veux me voir danser avec les gitans du monde entier, avec tous ceux qui ne se contentent plus de ce qu'ils possèdent. Il n'y a rien à posséder.

Si la morale s'épaissit, dilue-la de salive. Si elle devient trop liquide, épaissis-la avec de la foi. Apprends à relire ce que tu croyais avoir bien lu. J'ai les images de *Metropolis* projetées sur la toile de fond de mon cerveau. Je tombe et ne sais plus ce qui rime avec quoi.

«Plus tu arrondis les angles de la vie, plus tu ressembles à Rotwang.» *Grace, drop from above* (écrit George Herbert). Qui a semé cette perturbation? Garde ton linge sale chez toi.

Je ne peux plus écrire comme avant. Il m'est devenu difficile de me concentrer sur les images qui me traversent et de pouvoir figer ces images sur un seul point. Le point qui terminera ce paragraphe. *Freeze frame.* La forêt flambée. La forêt dans laquelle je veux me perdre. Cette nuit, comment te touchera ton mari? Attendra-t-il que tu jouisses aussi? Je me suis perdu ce soir. Mes idées s'enchevêtrent comme les cheveux de l'amour, comme les branches dans la forêt. Dis-moi comment me rendre dans le creux de la pénombre; je sais qu'une flamme y brûle pour moi.

Per
Pier Giorgio Di Cicco

And the world he remembers forgives.

PIER GIORGIO DI CICCO

Je cherche mon équilibre. Dehors, je ne vois que le flou des paysages, les lumières qui scintillent à l'horizon. Le silence des roues sur la voie ferrée. *Fiumi e selve sappian di che tempre sia la mia vita, ch'è celata altrui.* Rien dans ma tête, sauf ces vers de Francesco Petrarca. «Je brûlerai mon billet d'avion sur la Piazza Giordano Bruno.» Zia Graziella me dit de ne pas cracher sur le Québec, de ne pas dire de telles choses en public, même si je les pense.

Un courant d'air dans le tunnel. Nous entrons dans la ville où les guides touristiques traitent les Romains de cousins lointains et non pas de frères. Il n'y a pas de pays uni. Je lève mon verre en ton honneur, Pier Giorgio. Marche avec moi dans les rues surpeuplées de Rome. Buvons ensemble l'eau qui lie notre pouvoir et notre désir.

Je pense à toi, assis à ton café d'Arezzo et buvant ton cinquième espresso de la journée. Tu me dis que tu en as besoin parce que ton sang est noir comme les grains de café. Je trinque à toi et pense à l'exil, à l'émigration, et à ce qui fait qu'on déchire nos passeports pour courir dans le ciel comme des chamans. Je bois à ton verre et espère voir naître une communauté en paix qui émoussera les aiguillons de ma stupidité.

Éclaboussures de pluie sur nos fronts. Rien sans structure, aucune contradiction sans logique. La géométrie de la pluie. Lorsque la terre fera sa crise d'épilepsie, qu'est-ce qui liera l'os à l'os? Combien de pages doit-on écrire pour immobiliser l'instant fugace entre confusion et décision. *Se tu puoi, se tu vuoi, io pure lo posso e lo voglio.*

Dans le train pour Firenze,
le 15 mai 1984

[178]

Ostia-Lido

Per Pier Paolo Pasolini

Ostia-Lido: la mer, mais aussi les limbes où on t'a assassiné, écrasé sur Via dell' Idroscala, le 2 novembre 1975. Comment ai-je pu oublier qu'Ostia était la dernière ville que tu as visitée. C'est ici que la mort t'est apparue sous les traits d'un jeune garçon; ici où tu t'es rencontré, défiguré, la poitrine enfoncée comme la carcasse d'un cafard. (Je pense à l'autre cafard, John Lennon.)

Aujourd'hui, *Panorama* te dédie dix belles pages, en quadrichromie. À toi, mort dans des positions différentes: toi le marxiste, toi le catholique, toi l'homosexuel, toi l'anti-avortement. Mais de toi, l'homme vivant, on ne souffle mot. On te préfère mort.

*Pier Paolo Pasolini tué
par Pino Pelosi*

[179]

Tant de *p* rend ta mort plus sinistre encore. Quel pouvoir ton assassin cherchait-il dans la terre de ton cœur, dans la noirceur de tes viscères? Le soleil, le sperme, la politique... le ciment des maisons et de la chair endormie craque. Le vent, de vieilles femmes qui époussettent des meubles qu'on n'utilise jamais. Le cœur, l'eau savonneuse qui se répand sur le pavé de marbre brun. Est-ce cette Italie que tu voulais unifier?

Des mains infirmes tenant des verres de cristal pleins de champagne trinquent à tes nuits insomniaques, à tes jouissances sans amour, à ton ventre si impatient. Quelle dette avais-tu, Pier Paolo? Celle de saint Pierre? Celle de saint Paul? Ou celle de Pino Pelosi? Celle de l'organisation qui finance la sexualité? Celle de la poésie?

La dette d'avoir imaginé la façon de maîtriser l'immaîtrisable.